O CAMINHO DA
LIDERANÇA

ANDRÉ REZENDE

O CAMINHO DA LIDERANÇA

Reflexões sobre liderança numa jornada rica em cultura e histórias pelo caminho de Santiago de Compostela

Copyright © 2020 de André Rezende
Todos os direitos desta edição reservados à Editora Labrador.

Coordenação editorial
Erika Nakahata e Pamela Oliveira

Preparação de texto
Daniela Georgeto

Projeto gráfico, diagramação e capa
Felipe Rosa

Revisão
Laura Folgueira

Assistência editorial
Gabriela Castro

Imagens de capa
Jon Tyson e Jorge L. Flota (Unsplash.com)

Revisão de originais e apoio editorial
Silvia Prevideli

Imagens de miolo
Acervo pessoal do autor

Dados Internacionais de Catalogação na Publicação (CIP)
Angelica Ilacqua – CRB-8/7057

Rezende, André
   O caminho da liderança : reflexões sobre liderança numa jornada rica em cultura e histórias pelo caminho de Santiago de Compostela / André Rezende. – São Paulo : Labrador, 2020.
   176 p.

ISBN 978-65-5625-015-1

1. Santiago de Compostela (Espanha) – Descrições e viagens 2. Liderança – Reflexões 3. Autoconhecimento I. Título

20-1867   CDD 914.611

Índice para catálogo sistemático:
1. Santiago de Compostela (Espanha) - Descrições e viagens

Editora Labrador
Diretor editorial: Daniel Pinsky
Rua Dr. José Elias, 520 – Alto da Lapa
05083-030 – São Paulo – SP
+55 (11) 3641-7446
contato@editoralabrador.com.br
www.editoralabrador.com.br
facebook.com/editoralabrador
instagram.com/editoralabrador

A reprodução de qualquer parte desta obra é ilegal e configura uma apropriação indevida dos direitos intelectuais e patrimoniais do autor.

A editora não é responsável pelo conteúdo deste livro. O autor conhece os fatos narrados, pelos quais é responsável, assim como se responsabiliza pelos juízos emitidos.

Se todos os líderes no mundo percorressem o caminho de Santiago de Compostela, certamente teríamos a paz mundial.

Martin, Países Baixos, 2016

Sumário

Agradecimentos 9

Prólogo 11

CAPÍTULO 1 15
O caminho de Santiago

CAPÍTULO 2 18
O preparo psicológico e a vitória sobre o medo

CAPÍTULO 3 21
A preparação

CAPÍTULO 4 25
Chegando ao início do caminho

CAPÍTULO 5 32
Primeiro dia de caminhada:
de Saint-Jean-Pied-de-Port até Roncesvalles

CAPÍTULO 6 40
Segundo dia de caminhada:
de Roncesvalles até Zuriain

CAPÍTULO 7 45
Terceiro dia de caminhada:
de Zuriain até Obanos

CAPÍTULO 8 52
Quarto dia de caminhada:
de Obanos até Estella

CAPÍTULO 9 58
Quinto dia de caminhada:
de Estella até Torres Del Río

CAPÍTULO 10 62
Sexto dia de caminhada:
de Torres Del Río até Logroño

CAPÍTULO 11 68
Sétimo dia de caminhada:
de Logroño até Nájera

CAPÍTULO 12 73
Oitavo dia de caminhada:
de Nájera até Santo Domingo de La Calzada

CAPÍTULO 13 76
Nono dia de caminhada:
de Santo Domingo de La Calzada até Tosantos

CAPÍTULO 14 81
Décimo dia de caminhada:
de Tosantos até Agés

CAPÍTULO 15 85
Décimo primeiro dia de caminhada:
de Agés até Burgos

CAPÍTULO 16 90
Décimo segundo dia de caminhada:
de Burgos até Hontanas

CAPÍTULO 17 94
Décimo terceiro dia de caminhada:
de Hontanas até Boadilla del Camino

CAPÍTULO 18 102
Décimo quarto dia de caminhada:
de Boadilla del Camino até Carrión de los Condes

CAPÍTULO 19 104
Décimo quinto dia de caminhada:
de Carrión de los Condes até Sahagún

CAPÍTULO 20 113
Décimo sexto dia de caminhada:
de Sahagún até Mansilla de las Mulas

CAPÍTULO 21 118
Décimo sétimo dia de caminhada:
de Mansilla de las Mulas até León

CAPÍTULO 22 123
Décimo oitavo dia de caminhada:
de León até Villanalba

CAPÍTULO 23 125
Décimo nono dia de caminhada:
de Villanalba até Astorga

CAPÍTULO 24 129
Vigésimo dia de caminhada:
de Astorga até Foncebadón

CAPÍTULO 25 134
Vigésimo primeiro dia de caminhada:
de Foncebadón até Ponferrada

CAPÍTULO 26 137
Vigésimo segundo dia de caminhada:
de Ponferrada até Villafranca del Bierzo

CAPÍTULO 27 141
Vigésimo terceiro dia de caminhada:
de Villafranca del Bierzo até O Cebreiro

CAPÍTULO 28 148
Vigésimo quarto dia de caminhada:
de O Cebreiro até Sarria

CAPÍTULO 29 152
Vigésimo quinto dia de caminhada:
de Sarria até Gonzar

CAPÍTULO 30 156
Vigésimo sexto dia de caminhada:
de Gonzar até Castañeda

CAPÍTULO 31 159
Vigésimo sétimo dia de caminhada:
de Castañeda até Santiago de Compostela

CAPÍTULO 32 165
Do vigésimo oitavo ao trigésimo primeiro dia de caminhada: de Santiago de Compostela até Negreira, de Negreira até Oliveroa, de Oliveroa até Muxia e de Muxia até Finisterra

CAPÍTULO 33 171
Final: conclusão e aprendizados:
de Santiago de Compostela para o resto da vida

Agradecimentos

Em primeiro lugar, quero agradecer a algumas pessoas por terem tornado esta obra real. Agradeço imensamente aos meus pais, sem eles eu não estaria aqui; mais do que isso, sem a educação que me deram, eu não seria tão reflexivo e pensativo. Eles me ensinaram, acima de tudo, a questionar o *status quo* e encontrar o meu próprio caminho, sempre do jeito deles e com o amor que sabiam proporcionar.

Agradeço aos meus superiores, que sempre me mantiveram motivado com o tema liderança. Sem mencionar nomes, com alguns eu aprendi como fazer e com outros aprendi como não fazer, mas no final, de uma forma ou de outra, foram mentores e educadores que me ensinaram a definir o que eu gosto e o que eu não gosto. Dessa forma, criei meu próprio senso crítico, ponto muito importante na liderança. Aprendi mais profundamente com aqueles que me ensinaram como não fazer, pois, ainda que sem explicação, o ser humano grava as lições da vida de forma a nunca esquecer, mais pela dor do que pelo amor. Aprendi isso ao longo do caminho da vida e do caminho de Santiago de Compostela, que não passa de um paralelo que tracei em 2017 e que agora, com prazer, divido com todos.

Sem os peregrinos que caminhavam comigo, eu não teria tido uma experiência tão renovadora. Por isso meu agradecimento a eles. Agradeço em especial ao meu grande e fiel amigo espanhol Javier Alvarez-Mon, que me ensinou muitas coisas sobre a Bíblia, a vida e a natureza, além das muitas discussões sobre o mito de Gilgamesh e a Suméria. Juntos, contemplamos a natureza, Deus e agradecemos pela nossa vida e por enxergarmos a perfeição nela. Só compartilhamos coisas boas da vida, aliás, o que há de ruim nela? Veremos ao longo desta jornada.

Agradeço às minhas amigas Ellen Hejlso, dinamarquesa, e Emese Ruszuly, húngara, que compartilharam momentos únicos durante o caminho, entre eles momentos de reflexão, momentos de emoção e momentos que nos tocaram a alma. Juntos, derramamos várias lágrimas e compartilhamos muitas risadas.

Agradeço ao meu padrinho nesta jornada incrível, que compartilhou comigo seus momentos, sem filtro, e acreditou em mim. Sua carta incrível me deu forças para conquistar esse objetivo de vida. Obrigado, caro amigo Gilberto Borsatto.

Agradeço ao meu grande irmão Peterson Polônio, que esteve comigo antes, durante, depois e no além. Irmão escolhido e amigo inseparável. Em muitos momentos pude sentir seus passos comigo. Sentimos um ao outro, o que é raro hoje em dia. Que ele nunca precise de mim e que eu nunca precise dele, mas, se um dia acontecer, estaremos juntos.

E, por último e mais importante, agradeço a Deus. Esse agradecimento não pode ser feito com palavras, nem com orações, nem de nenhuma forma que passe pelo nosso pensamento racional. A Ele, eu agradeço de coração, com sentimentos, com meditação e com coisas que ainda não chegaram nesta dimensão e, portanto, não há definição. Enquanto usarmos essa linguagem, agradeço com um MUITO OBRIGADO, meu DEUS, por ter recebido esta oportunidade na vida. Obrigado.

Prólogo

*Se o seu sonho não te dá medo,
ele não é grande o suficiente.*
Autor desconhecido

Medo é o sentimento cuja ausência é inconsequência, e sua abundância gera covardia. O contrário do medo é a coragem.

Desde os meus 10 anos, o caminho de Santiago de Compostela me persegue. Sonhei muitas vezes com esse trajeto. Li muito a respeito e sempre tive uma admiração pelas pessoas que percorreram essa caminhada. É um trajeto que trespassa majoritariamente a Espanha até o "fim da terra" — uma cidade chamada Finisterra ou Fisterre.

Em vários momentos da minha vida, pensei em fazer esse caminho, mas diversos medos me impediam. Acho que o principal era me deparar comigo mesmo. Dentro de nós, temos deuses, demônios, crenças, culturas, admirações, frustrações, pensamentos, amigos e nosso pior inimigo: nós mesmos. Temos muitos pensamentos que são contra nossas intuições e, quando tentamos racionalizar as intuições, caímos em muitas armadilhas.

Depois de muitas reflexões e com a imensa ajuda do que chamamos de destino, que nada mais é do que nossas próprias vontades e escolhas, sem conflito, consegui tirar um tempo da minha vida, e da vida de todos que estão ao meu redor, para que eu pudesse realizar esse sonho. Queria me encontrar comigo mesmo. Pensar em quem sou, o que sou, como vivi até este momento, o que devo pensar a meu respeito, como devo evoluir e, o principal, agradecer ao universo e a todas as forças que passaram pela minha vida. Todos temos problemas, mas, segundo a filosofia do budismo, o sofrimento é uma escolha. Inclusive, há pessoas que sofrem mais do que o necessário. Não enfrentei grandes problemas ao longo da vida, então tenho muito a agradecer.

O caminho de Santiago de Compostela, que pode ser visto como um período de longa meditação em movimento, nos leva a momentos de profunda introspecção e, principalmente, autodesenvolvimento. Sempre tive a meditação e a caminhada como formas de refletir sobre as experiências e a ampliação da consciência. Ao percorrer o caminho, umas das grandes reflexões foi sobre a liderança atual. Ela exerce influência sobre nós e acabamos agindo com base nela. São motivações criadas pela nossa liderança ao longo de nossa jornada, não importa se essa liderança são nossos pais, professores ou superiores.

Nesta leitura, viajaremos juntos pelo caminho de Santiago de Compostela, fazendo um paralelo com a vida cotidiana e analisando sob a ótica de um ser humano que exerceu papel de líder. Lembramos que essa ótica é no sentido amplo do conceito de liderança. Lideramos tudo a todo momento e, antes de qualquer coisa, lideramos nossos pensamentos, sentimentos, emoções, crenças, ou seja, a nós mesmos. Se não conseguimos coordenar a nós mesmos, como podemos ter a intenção de conduzir uma casa, um lar, um filho, uma equipe, uma empresa, uma cidade ou até mesmo a preparação de um café da manhã?

Para mim, o caminho de Santiago é um resumo e um paralelo com nossa vida. Viajaremos ao longo dessa jornada e a reflexão se tornará mais clara. Nosso caminho e nossa trajetória por meio destas palavras serão narradas a partir de algumas premissas:

1. Um ser humano nascido e crescido em uma família simples, com amigos de todos os jeitos e gêneros, que aceita a diversidade, que escolhe conviver com pessoas de bom coração e bons pensamentos, que tenha ambição de evoluir e, principalmente, que esteja aberto a dúvidas. Por ser apaixonado por religião e espiritualidade, faremos juntos um caminho racional, porém regado a emoção, abordando temas de espiritualidade com bastante simplicidade, pois são temas presentes em nosso dia a dia.
2. Um executivo com ampla experiência em empresas multinacionais, sempre atuando na área financeira e com mais de 15 anos como líder, recebendo diversos treinamentos nessa área. Para começar a falar de liderança, devemos analisar a figura do liderado. Podemos liderar uma máquina, um computador, uma manada ou, como acontece na maioria das vezes, o recurso mais precioso que existe dentro de uma organização, as pessoas. Para liderarmos pessoas, precisamos ter em mente que, antes de serem profissionais, elas são seres humanos, com coração, emoção, experiências diversas, inseguranças e uma infinidade de sentimentos. Devemos nos lembrar de que essas pessoas são formadas pela razão e pela emoção, pela matéria e pela alma. Dito isso, comentarei em muitas passagens temas de liderança ou de ser/estar líder. Abordarei valores que, se fossem reconhecidos e aplicados dentro de uma organização, possivelmente estaríamos mais perto do sucesso, como profissional, como líder e como ser humano.
3. Um espiritualista dedicado e curioso, que busca incansavelmente respostas para perguntas universais, sendo a melhor delas, muitas vezes, a própria dúvida. Algumas respostas, talvez possamos encontrar juntos nessa nossa jornada.

CAPÍTULO 1

O caminho de Santiago

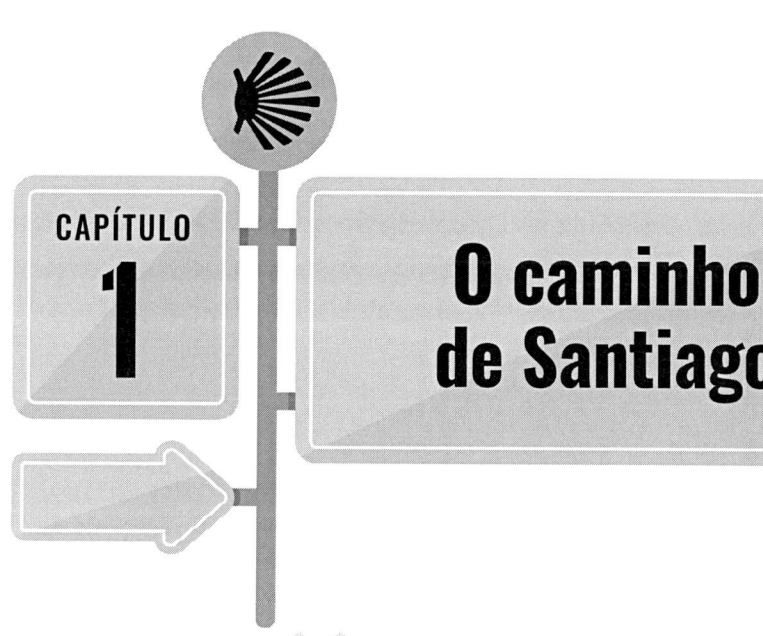

Todos os caminhos te levam a algum lugar, mas o caminho mais importante é aquele que te conduz a ser uma pessoa melhor.

O caminho de Santiago de Compostela (ou os caminhos de Santiago) é um percurso que leva ao destino principal: a cidade de Santiago de Compostela, na Espanha. Esse trajeto é reconhecido por venerar as relíquias de Tiago, um dos apóstolos de Cristo, cujo sepulcro se encontra dentro da catedral da cidade de Santiago.

Diz a lenda que, com a morte de Jesus, os apóstolos saíram de Jerusalém para pregar as doutrinas cristãs, e Tiago, caminhando, chegou até a região da província romana Hispânica e Galícia, onde estabeleceu a sua igreja. No ano de 44, regressou à Palestina, local em que foi torturado, morto e decapitado pelo rei Herodes, que jogou os restos mortais de seu corpo por cima do muro de Jerusalém. Os discípulos de Tiago, seguidores assíduos, transportaram em segredo seus restos mortais para a região da Galícia, onde o sepultaram, mesmo contra as ordens do rei, em um local denominado Campus Stellae (Compostela).

Até o fim da ocupação muçulmana, no século IX, o túmulo do apóstolo Tiago não era lembrado. Somente no ano de 813 o eremita Pelagio redescobriu o túmulo, e o local passou a ser revisitado por peregrinos de todos os lados da Europa. Por esse motivo, o caminho é composto de rotas que têm como origem diferentes locais, mas apenas um destino: Santiago de Compostela.

O caminho mais tradicional e percorrido é o Caminho Francês, que parte de uma cidade chamada Saint-Jean-Pied-de-Port e atravessa todo o norte da Espanha, até chegar a Santiago de Compostela, depois de mais de 800 quilômetros. Essa rota ainda continua até a cidade de Finisterra, que seria o ponto mais ocidental do continente até então, com pouco mais de 100 quilômetros desde Santiago.

A partir do século X, o número de peregrinos aumentou significativamente nessa rota, devido ao fim do isolamento do povo europeu. Nessa época, sob influência dos reis de Aragão, Navarra, Castela e Leão, iniciou-se um intercâmbio entre Roma, Jerusalém e Santiago, que passaram a ser os destinos mais importantes.

Desde então, essa rota é procurada por todos os povos da Europa e do mundo como um local que envolve espiritualidade, cultura, autoconhecimento e diversos sentimentos difíceis de serem descritos. Com muitos altos e baixos, o caminho de Santiago recebe aproximadamente 300 mil peregrinos por ano, sendo 4 mil brasileiros.

No trajeto, existem muitos albergues e espaços para acolher os peregrinos, e há mais de mil anos esses locais são preparados para esse tipo de turismo ou aventura. Mesmo com toda a preparação, modernidade dos equipamentos e tecnologia, a dor e o sofrimento durante o percurso são inevitáveis. É natural que nossas articulações comecem a sentir os vários dias de longas caminhadas com o peso da mochila nas costas. Joelhos e tornozelos passam a inflamar, bolhas passam a aparecer nos pés, sentimos dores musculares e, claro, incômodo psicológico por estar caminhando tantos dias, por longos quilômetros e longe de nosso lar. O preparo mental para a realização dessa caminhada é primordial. Por mais apto que o peregrino esteja, é impossível evitar o desconforto e o cansaço de percorrer, em média, 30 quilômetros por dia, às vezes por cenários mais atrativos, mas muitas outras através de plantações e longas trilhas que parecem levar do nada a lugar algum.

Ao longo do caminho, há inúmeros símbolos que nos ajudam. O principal deles, sobre o qual falaremos mais adiante, é a seta amarela: ela nos guia e nos direciona pelo caminho correto. O segundo é a vieira, ou seja, uma concha. Por trás desse pequeno símbolo, carregado por quase todos os peregrinos, existem muitas histórias.

A primeira história da concha de Santiago começa quando os restos mortais de Tiago foram levados de Jerusalém para a Galícia e o barco pegou uma tempestade, derrubando o corpo no mar. Alguns segundos após a queda, os seguidores de Tiago, que estavam carregando-o para a Galícia, avistaram-no submergir das águas trazido por conchas.

A segunda história por trás da vieira acontece depois da morte de Santiago, quando seu corpo foi misteriosamente transportado por um navio sem tripulação até a Península Ibérica para ser enterrado no que hoje é Santiago de Compostela. Quando o navio se aproximou da terra, ocorria um casamento na costa. O jovem noivo estava montado em um cavalo e, ao avistar o navio, o cavalo assustou-se, e cavaleiro e montaria foram lançados no mar. Através de uma intervenção miraculosa, ambos emergiram das águas vivos, cobertos por conchas.

E a terceira história, da qual inclusive extraio maior aprendizado, é que a concha de vieira possui várias ranhuras, com muitos caminhos, mas todas levam a apenas um local. Convido-o a entrar comigo nesta história para juntos caminharmos rumo a esse único destino: Santiago de Compostela.

CAPÍTULO 2

O preparo psicológico e a vitória sobre o medo

> *A vontade que sai do local mais profundo da nossa alma precisa ser ouvida, canalizada, planejada e principalmente executada através de ações; caso contrário, será apenas mais uma vontade. Só depende de você.*

Hoje dei um primeiro passo para um sonho. Venci meu medo e insegurança. Fechei os olhos e os ouvidos para o mundo exterior e ouvi meu coração e minha alma, que de fato são os mandantes da nossa vida. Tomei a decisão. Dei o meu primeiro passo para uma caminhada que terá mais de 1.000 quilômetros a serem percorridos em mais de 30 dias: caminhar de Saint-Jean-Pied-de-Port, na França, até Santiago de Compostela, na Espanha, sendo esse o primeiro trecho da caminhada; posteriormente, de Santiago de Compostela até Finisterra. Ouvi minha voz interior e comprei minha passagem de ida à Espanha.

Nesse momento, tive o mais forte sentimento de que desse caminho sairão boas histórias, aprendizados, condições para uma mudança de pensamento e, certamente, uma nova programação cerebral. Como diria Lao Tsé: "Uma grande caminhada se inicia pelo primeiro passo", e eu tinha certeza de que estava dando o primeiro passo para uma completa mudança de pensamento.

A maior lição inicial que podemos tirar é que as pequenas atividades, somadas, formam os grandes feitos. Não se espera chegar a resultados que façam a diferença sem a soma de pequenas ações. Cada passo que damos para chegar a um determinado objetivo só nos deixa mais próximos dele, mas, se desejarmos chegar a esse objetivo pulando etapas, não teremos os aprendizados que elas nos trariam, e isso pode causar um dano irreversível. Poderíamos trazer essa reflexão para metas e objetivos de curto prazo e metas e objetivos de longo prazo, dentro de uma organização? Quantas organizações ou líderes pensam em seus objetivos de curto prazo em detrimento dos de longo prazo? Muitas vezes, em detrimento do objetivo de longo prazo, tomam-se decisões de curto prazo em troca de bônus ou promoções, mas o resultado para o atingimento do objetivo de longo prazo pode ser desastroso. Os resultados são conquistados em pequenas batalhas, ou seja, não se vence a guerra sem que elas aconteçam.

Quando iniciamos uma rotina a fim de nos conhecer e buscar nossos sonhos, a primeira barreira que encontramos é o medo, e isso nos traz receios do que pode vir no futuro quando ultrapassarmos essa barreira. Porém, quando vencemos o medo e ultrapassamos essa barreira inicial, percebemos que podemos conquistar absolutamente tudo o que desejamos a fundo e, ao mesmo tempo, nos perguntamos por que não tomamos essa atitude antes.

O sentimento de ultrapassarmos a barreira do medo para ouvir a voz que vem do nosso interior é garantia do encontro da mente com a alma, e essa sensação é indescritível, única e deve ser vivida por todos que buscam a si mesmos. Essa é a nossa verdadeira voz, sem as limitações do nosso racional e das armadilhas de nossas criações, anseios, inseguranças e crenças limitadoras. Vencer o medo para alcançar nossos sonhos e resultados deve ser nosso objetivo; assim, estaremos mais perto daquilo que nos proporciona felicidade.

Como dizem, "que Santiago abençoe o meu caminho".

A montanha está longe, mas vença seu medo para dar o primeiro passo. Dê um passo de cada vez e atinja pequenos resultados, pois o próximo passo estará mais perto do objetivo em comparação ao anterior.

> *Leve com você o que de fato consegue carregar, sem inseguranças, pensando no presente e mirando o resultado futuro. Pratique viver o presente.*

Dizem os médicos que, quando estamos doentes e pensamos em melhorar, nesse momento começa a recuperação. No simples ato de pensar em peregrinar pelos caminhos de Santiago já começou minha caminhada, mas neste momento estou chegando perto de iniciá-la na prática.

Vamos à execução. O medo já foi vencido e o primeiro passo (comprar a passagem) está dado. Depois de realizar o planejamento — fazer a caminhada de Santiago de Compostela e chegar até Finisterra com todos os aprendizados que essa caminhada pode me proporcionar —, agora vamos à preparação.

Falaremos de muitas histórias e reflexões, mas a primeira delas, que merece especial atenção, está nos preparativos da viagem. Podemos comparar o preparo da nossa mochila, quando escolhemos o que devemos levar, com a nossa vida cotidiana. Ela nos ajudará ou atrapalhará a conquista do nosso objetivo.

Serão 31 dias de caminhada com uma mochila que deve ter, aproximadamente, 10% do peso do meu corpo. Com base nessa premissa, e pesando 83 quilos, minha mochila deve ter, no máximo, 8 quilos. Parece muito, mas, quando somamos todos os itens da caminhada, como a água, que pesa 500 gramas, ou o saco de dormir, que pesa quase 1 quilo, não nos restam muitas escolhas sobre o que levar. Ficamos limitados, e a decisão do que carregar é de extrema importância.

Dentro da minha mochila o espaço era ocupado por saco de dormir, remédios para cuidar dos pés, das bolhas e da garganta, chinelo de dedo e algumas poucas roupas, como camisetas, capa de chuva, calça, algumas meias e roupas íntimas, ou seja, quase nada. Essa foi a primeira lição: a de desprendimento. Não terei roupas para escolher, mas com certeza me lembrarei de pessoas que não têm (ou não tiveram) roupas para vestir, e nesse momento serei grato. Essa mochila significará, por 31 dias, a bagagem que irei levar, mas, em termos simbólicos, representa a bagagem da vida.

Em nosso dia a dia, quantas coisas levamos em nossas bagagens que não nos acrescentam absolutamente nada?

Muitas dessas coisas serão deixadas ao longo do caminho. Na mochila, escolhi levar poucas peças de roupa, mas o que trarei da viagem será uma grande experiência, e essa experiência estará comigo para a eternidade.

Assim é a nossa vida. O que eu quero levar desta vida é tudo aquilo que eu possa carregar comigo para a eternidade. As coisas que coloquei na mochila tiveram de ser escolhidas, pois, obviamente, não posso carregar um peso maior do que suporto. Não coloquei nada supérfluo e escolhi coisas leves. Na nossa bagagem da vida, devemos lembrar que, quanto mais peso colocarmos em nossa bagagem, maior será nosso esforço, e, no final, pode ser que não consigamos carregar nossas próprias escolhas.

Ao organizarmos nossa mochila da vida, devemos nos lembrar de que esse será o peso que carregaremos ao longo da nossa jornada. O que levaremos está relacionado às nossas inseguranças, experiências, condição física e uma série de fatores que começamos a viver ainda na infância e levamos até a vida adulta, como traumas. Quanto mais inseguros estivermos, maior será o peso que iremos carregar, pois o planejamento da mochila se dará com alguns "se". Se eu ficar doente, vou levar este remédio; se eu tiver bolhas no pé, vou levar este iodo; e assim por diante. Contudo, devemos nos lembrar de que existe apenas um período com o qual devemos nos preocupar, que é o presente. Não há outro presente da vida. Se vivermos o presente escutando a nossa voz interior, levaremos conosco somente o que precisamos hoje, sem pensar no que ocorreu ontem ou no que acontecerá amanhã. Deixaremos nossas inseguranças de lado, e isso nos tirará um peso enorme dos ombros, sem nunca perder o foco do objetivo a ser alcançado. Tenho atitudes hoje que me levarão até o meu objetivo, me adaptando e evoluindo para aprender e deixar coisas pelo caminho que não me ajudarão a chegar ao objetivo final.

Sem a preocupação de como será o futuro, viverei este presente, que me foi concedido como um PRESENTE. O ontem não se muda e o amanhã depende de como faremos o uso do hoje, ou seja, podemos mudar o amanhã se usarmos bem o presente, mas sempre acompanhado de reflexão e intuição. **A vida sempre proverá o que é nossa necessidade.**

Serão muitos dias de autoconhecimento e autoliderança, mas as palavras e os pensamentos que quero são de agradecimento e mudança.

Minha caminhada começa com o tipo de bagagem que eu quero levar. A nossa mudança também começa assim. Que tipo de bagagem queremos levar de cada experiência? Levarei poucas roupas na mochila, mas essas poucas peças precisam de cuidados diários. Todos os dias terei que lavá-las em troca de carregar pouco peso na mochila. Esse era um exercício diário para manter minhas roupas limpas, assim como devemos fazer na vida para evoluirmos. **O crescimento intelectual e espiritual deve ser alimentado diariamente, como uma rotina de ações.** O crescimento intelectual precisa ser um hábito, como escovar os dentes. Escolha o que o leva além e deixe de lado o que for supérfluo. Não concentre sua energia em situações que não o façam crescer. O mais importante é o objetivo final, e o fato de me preocupar com a cor da calça não me deixa mais perto ou mais longe do meu objetivo final.

A bagagem espiritual, profissional e pessoal que coloquei em minha mochila até a data do início do caminho de Santiago não me trouxe respostas. O meu objetivo é a busca do novo e do desconhecido. Esse é o meu desafio de vida. Esse é o meu desafio de vida e, para vencê-lo, estar comigo mesmo, sem influência externa, apenas na companhia do meu interior, minha reflexão e minha caminhada, será meu treinamento. O sopro da vida nos foi concedido para ser vivido, e não para sermos escravos. Antigamente, se um pagador não pudesse pagar seus impostos, era surrado e pagava com chibatadas. Hoje, somos escravos de marcas, carros novos, ego, e pagamos por isso com trabalho, para satisfazermos nossas inseguranças. Tudo isso se deve, em grande parte, à ausência de autoconhecimento, em busca de padrões dos quais nem sempre precisamos. Muitos líderes vivem os seus dias atuais apenas para manter sua posição de poder. Seria ego ou *status*?

A peregrinação já está sendo incrível, com muita reflexão e bons pensamentos.

Leve consigo aquilo que de fato será útil em sua vida. Carregue somente o que irá ajudá-lo, e deixe de lado o que pode atrapalhá-lo.

O que levo pode me aproximar ou distanciar do meu objetivo. Quando me autolidero, eliminando os "se" e inseguranças e colocando em minha mochila apenas o que será necessário, isso me deixa mais perto do meu objetivo e me causa menos esforço.

CAPÍTULO 4.
Chegando ao início do caminho

> *Começamos pelo começo, mas o começo é bem antes do que pensamos.*

Após a lição do que levar na mala e depois de perceber que devo levar o que é prático e me ajuda a alcançar meu objetivo, eu precisava chegar até o local de início da caminhada. Mas onde seria o início? Essa é uma pergunta interessante, pois penso que não há início ou fim, mas apenas um caminho. Será que o nosso emprego começa mesmo no primeiro dia? Será que a nossa faculdade ou a escolha de nossa profissão se iniciam no primeiro dia de aula? Será que o nosso casamento começa somente após o decreto de marido e mulher?

Seria interessante pensarmos que tudo tem um início bem antes do que imaginamos. O nosso emprego começa quando escolhemos uma profissão e, posteriormente, mais perto do presente, quando realizamos o contato para uma entrevista ou até mesmo quando enviamos um currículo nos candidatando a uma vaga. Nossa profissão se inicia quando temos algum tipo de contato, ainda em nossa infância, com um profissional da área. Nosso casamento começa quando tomamos a decisão interna de namorar alguém. E assim ocorre em todas as áreas de nossa vida. O início é só um marco de tempo que separa uma fase da outra. Podemos afirmar que não temos começo, meio ou fim, mas um processo com diversas fases. Assim é a caminhada de Santiago de Compostela. É um processo com várias etapas, e o caminho é mais importante que o objetivo final.

O começo não é apenas o começo, e sim o ponto mais próximo do objetivo final que foi percorrido até determinado momento. Está mais perto do que o ponto de ontem, e, se bem planejado sem procrastinação, mais longe comparado ao ponto de amanhã.

O processo começa antes do início, e tudo em nossa vida é um processo. Nós somos um processo em constante mutação. Estamos em evolução a cada minuto, como seres humanos, profissionais, e também em nossa busca espiritual e, consequentemente, em nossa liderança. Entendendo esse processo de mutação e tendo a consciência de que estamos, todos nós, em processo, o melhor que podemos fazer é ajudar o processo dos que estão ao nosso redor, sendo nós mesmos a primeira pessoa que merece ajuda. Um processo de autoliderança com compaixão.

Tomei a decisão de fazer o caminho de Santiago bem antes do início, mas eu precisava começar de algum lugar. Então comecei pelo começo, vencendo o medo. Depois, de forma pragmática, escolhi o que levar na mochila: o que me faria atingir de forma menos traumática o meu objetivo, o que estava levando por insegurança e o que estava levando por necessidade. Não que eu não levasse nada por insegurança, mas o mais importante era ter consciência disso. Tudo começa quando encontramos os motivos pelos quais estamos agindo de determinada forma. Saber o motivo que nos causa alguns sentimentos ou nos faz ter certas atitudes é a chave de tudo. Somente após a conscientização do ato podemos entender se aquela foi a melhor atitude ou se devemos mudar nossa forma de pensar ou agir. Assim é nosso processo de evolução em tudo.

A consciência é o primeiro passo para a evolução. A liderança, nos dias de hoje, está alienada em suas inseguranças, em prisões do cargo que ocupa e na escravidão que a vida moderna impõe. **A consciência nasce do contraste; dessa forma, caso não haja contraste, há um esforço maior para a descoberta. Entender o contraste nos ajuda a elevar a consciência.**

Platão, em sua metáfora do mito da caverna, mostra como a consciência dos seres humanos que viviam dentro da caverna foi formada pela vida aprisionada que tinham, olhando apenas as sombras refletidas pela luz da fogueira. Como não havia contrastes diferentes das sombras dentro da caverna, os seres humanos que lá viviam jamais imaginariam que existiria outra vida fora daquelas sombras e daquelas correntes.

Imaginem se não houvesse o contraste das cores e o mundo fosse todo cinza. Não teríamos senso crítico para enxergar o azul, por exemplo. Assim funciona com tudo em nossa vida. Para crescermos, é necessário imaginar um contraste distinto e buscá-lo. Buscar um propósito de vida diferente do já conhecido e que muitas vezes não nos leva além. Se não há contraste, podemos buscá-lo ou até mesmo criá-lo. Para isso, basta termos a consciência da necessidade de criação ou busca do contraste, para que possamos chegar à evolução.

A lição da mochila e do desprendimento necessário para preenchê-la já foi um grande início. Escolhi levar o que consigo carregar, sem supérfluos. Levei por insegurança alguns itens que me foram de grande valia, como será visto nos próximos capítulos. Neste momento de minha vida, lembrei de muitas apresentações em que tive que alterar a cor do slide, porque o meu líder não gostava de azul, ou mesmo tempos dedicados para encontrar diferenças de centavos em cálculos de milhões.

Ao escolher as roupas da mochila, também tive de pensar em coisas que jamais passaram pela minha cabeça de forma racional, mas que sempre estiveram e estarão presentes na minha, nas nossas vidas, fazendo parte da **ROTINA**. O início dessa caminhada se deu com um planejamento, e fazia parte desse planejamento pensar se eu lavaria roupa todos os dias ou não. A minha escolha foi criar uma bela rotina e, sim, lavar roupa todos os dias.

Assim é o nosso dia a dia. Escolhemos ler e-mails todos os dias, mas alguns escolhem todas as horas, e isso nos traz, em muitos momentos, uma ineficiência difícil de ser medida, pois a ocupação pode facilmente virar "pré-ocupação".

Ter escolhido lavar roupa todos os dias tem o mesmo peso de decidir alimentar meu espírito e meu intelecto diariamente. Eu alimento minha matéria (meu corpo) diariamente. Por que não alimentar meu espírito e meu intelecto? Por que não criamos uma rotina de autorreflexão sob o caráter de liderança que nos faz elevar a consciência?

Com a consciência de que podemos ser melhores, evoluir e iniciar uma caminhada rumo a esse objetivo, por que não podemos pensar em ser melhores como seres humanos e, automaticamente, como líderes e profissionais? O início é apenas uma fase do processo. O processo é a rotina e a prática diária. A prática leva à perfeição. Praticar autoliderança é o que elevará a sua liderança, pois você irá liderar pensando como ser humano e sendo liderado por você mesmo.

Voltando ao nosso diário da caminhada, este é o dia em que chegamos à fase inicial do caminho. Acordei bem cedo em Madri e peguei o metrô para a estação Atocha. Ainda estava escuro. Em Atocha, peguei o trem para a cidade de Pamplona e, lá chegando, tomei o ônibus municipal que nos leva até o terminal rodoviário, onde, finalmente, peguei o ônibus com destino a Saint-Jean. Dentro do ônibus municipal, conheci a Rosita e o Jorge.

Rosita era uma brasileira com aproximadamente 40 anos, médica, e já havia feito o caminho três vezes. Ela estava com o nervo ciático doendo e, mesmo com essa dor, decidiu caminhar novamente, pela quarta vez.

Nesse momento começou a grande magia dessa longa jornada chamada Santiago de Compostela. **A abertura e a facilidade que**

as pessoas têm de falar da vida de si com profundidade e sem medo. A troca de experiências. Dependendo da profundidade com que os assuntos são discutidos, a verdade se torna cada vez mais absoluta, uma vez que é individualizada. Com profundidade, percebemos mais solidez e transparência na comunicação. Quando ficamos na superficialidade dos assuntos, a falta de transparência, a mentira ou a inverdade ficam em evidência, além de as opiniões adquirirem tons de política e diplomacia.

Rosita comentou comigo que ela não precisava achar nada no caminho e por isso veio tantas vezes. **O encontro era o próprio caminho.** Encontrar as pessoas, escutar as histórias, percorrer os quilômetros diários, hospedar-se nos albergues e dividir o dia a dia era o que ela buscava, e esse era o caminho. Para isso, não havia começo, meio e muito menos fim, pois, se este era o encontro dela, ela podia fazer isso para sempre. Esse era o processo. Não importa aonde se chega, mas, sim, como se chega, pois o caminho é mais importante que o objetivo. O objetivo é apenas uma consequência do caminho.

Com o aperfeiçoamento da autoliderança, a conquista do objetivo será uma consequência.

Já o nosso amigo Jorge, um espanhol, era morador de Madri e recém-separado. Empreendedor e proprietário de uma empresa fabricante de tintas, Jorge decidiu caminhar apenas para encontrar o que o ajudaria. Esse foi o seu início, e a sua consciência de que não tinha ainda um objetivo era a consciência que tinha que encontrar para ajudá-lo. A ausência de objetivo era a própria consciência. Ele apenas queria viver o caminho, sem objetivo. Esse era o objetivo dele, mesmo sem ele saber de forma racional. Ele não tinha claro como o caminho o ajudaria, mas queria encontrar respostas. Queria refletir, e esse era o momento dele.

Depois de almoçarmos em Pamplona, seguimos de ônibus para Saint-Jean. Chegando em Saint Jean, fomos direto para a associação dos peregrinos de Santiago de Compostela. Peguei um passaporte de peregrino e encontrei mais dois espanhóis, Álvaro e Pepe. Pepe tinha 67 anos e uma imensa dificuldade para andar, e Alvaro era um jovem de 40 anos, CEO de uma empresa espanhola de alimentos. Pepe estava contagiado pela cultura da caminhada de Santiago, pois havia sido voluntário em um albergue em determinado momento de sua vida, experiência que lhe trouxe muitas histórias que fizeram com que ele quisesse viver esse trajeto. Com dificuldade para caminhar, decidiu fazer o trajeto com a certeza de que a energia dos peregrinos e a ajuda mútua que o caminho oferece seriam úteis e cruciais para que ele terminasse o processo de sua peregrinação. Uma verdadeira lição de superação e confiança no próximo.

Nesse primeiro dia, e apenas no começo do caminho, já pude perceber que havia caminhado muito para chegar até ali. As pessoas que ali estavam tinham um pensamento diferente dos demais que eu havia encontrado ao longo de minha vida. Todos ali estavam dispostos a dividir o que tinham e se ajudar. Assim devemos viver nossas vidas. Se estamos superiores a alguém em uma empresa, precisamos entender o que nos fez chegar até ali e dividir esse conhecimento, pois **a melhor forma de aprender é ensinando**. Deixar de ser egoísta ou inseguro, pois, ensinando o próximo, nossa posição como ser humano está cada vez mais garantida. Nosso sucesso fica mais próximo quando ensinamos.

As superações são possíveis quando pensamos que podemos ser ajudados e, para isso, temos equipes, pares, amigos e muitos em nossa jornada que foram colocados ali para nos ajudar. Pepe terminou o caminho em quase 50 dias, mas percorreu todos os dias com a sua mochila nas costas e sua crença de que terminaria. Tive essa informação muitos meses depois de terminar o meu caminho.

A outra lição que tiramos desse relato é que, com absoluta certeza, de alguma forma, fomos ajudados para chegar aonde quer que estejamos, e, como retribuição, devemos ajudar quem está ao nosso redor a ir além. **Não recebemos presentes para serem guardados, mas para serem usados, e presentes são nossos conhecimentos, oportunidades e condições de estarmos onde estamos.** Sempre temos algo para ensinar. O que você tem para ensinar e que pode começar hoje? Como você irá criar a prática para ensinar algo novo todos os dias?

Esse foi o ensinamento naqueles pequenos momentos divididos com Rosita, Jorge, Alvaro e Pepe. Saímos para comer algo na pequena cidade de Saint-Jean e encontramos uma pizzaria aberta. Como não poderia ser diferente, aprendemos a dividir histórias, conhecimentos, nossa intimidade e, claro, uma pizza. Nesse momento a conversa foi sobre divisão. Chegamos à conclusão de que, **quando se divide, nada falta**. No caminho tudo se divide, não por obrigação, mas por coração. Sempre de dentro para fora, e não de fora para dentro.

Voltei para o albergue, tomei um banho e me deitei para tentar dormir. Não é fácil dormir no primeiro dia, pois a ansiedade impera. Não sabíamos se as montanhas dos Pireneus estariam abertas no dia seguinte e sempre há o medo de começar uma trajetória e não concluí-la. No final das contas, o medo faz parte da vida em todos os momentos. Tudo é risco quando se está vivo. É da condição humana. Basta termos consciência disso.

Antes de me deitar, arrumei minha mala. Percebi que arrumar a pequena mala naquele dia tinha sido fácil demais. Havia pouca coisa. Quanto mais coisas se tem, mais difícil fica a organização. Mas falarei sobre isso mais adiante.

O processo é tudo. O processo é o início, o meio e o fim. O caminho é importante, e o objetivo é apenas a consequência. O presente é importante, e o futuro é apenas a consequência do presente.

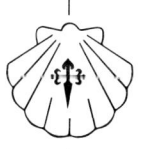

A arte e a beleza do começo marcam o passo inicial para se chegar ao resultado. Com a consciência de que é o processo que importa, o resultado e o objetivo são alcançados inevitavelmente.

CAPÍTULO 5

Primeiro dia de caminhada

De Saint-Jean-Pied-de-Port até Roncesvalles

> *Desejo e sonho, racionalização e definição dos objetivos, medos, vencer os medos, planejamento e execução.*

Quando todos estavam descansando, eu estava apenas começando a minha jornada. Assim se inicia o nosso caminho de evolução: com o que está além da normalidade e com a busca incessante por conhecimento.

O objetivo deste diário não é narrar os quilômetros rodados, o tempo cronometrado, os albergues ou mesmo ser um guia do caminho de Santiago, mas descrever os trajetos percorridos, contextualizar e enfatizar os grandes aprendizados em forma de história contada.

Nesse dia, acordei às 4 horas da manhã e fiquei até as 5 rolando dentro de um saco de dormir em que eu quase não cabia, quando decidi levantar. Muitos pensamentos passaram pela minha cabeça: será que conseguirei atingir meu objetivo? Será que estou levando as coisas certas na mochila? Será que meu joelho vai aguentar? Será que estou preparado fisicamente? Será que... E aqui comecei a incrível jornada de autoliderança. Comecei a liderar minhas inseguranças e medos e, a partir dali, seria eu o liderado o tempo todo. Somente assim conseguiria liderar os outros ou até mesmo tarefas.

Levantei e tomei o café da manhã no albergue com dois coreanos. Avô e neto. A primeira lição que tive nesse dia foi simples ao extremo: "Estamos de passagem, mas devemos deixar do jeito que encontramos". O avô ensinou o neto a deixar tudo exatamente da forma como encontrou. Ainda que estivéssemos em um albergue em que o café da manhã estava incluído na diária, a pia para lavar a louça estava livre e a louça utilizada no café da manhã voltou ao estado em que foi encontrada, ou seja, limpa. Além de lavarem a própria louça, lavaram uma louça que estava suja e foi deixada para trás por algum outro peregrino. Por que eles tiveram essa atitude? Faz parte da cultura e educação deles? Isso me parece algo simples. Enquanto alguns deixam de lavar a própria louça, por que outros lavam a louça dos que abandonaram a sujeira? Seria esse pequeno gesto apenas falta de educação ou um sinal de diferentes culturas?

Em nosso ambiente diário, quantas vezes nos deparamos com trabalhos que outros deixaram de fazer e somos obrigados a fazer por eles? Cidadãos que não têm educação e sujam o meio em que vivemos, nos fazendo sentir obrigados a agir por eles. Isso está presente em nosso dia a dia. Como seria o mundo se não houvesse esse tipo de atitude? Seria bem mais simples viver nele. Se todos tivessem essa consciência, tudo seria mais fácil.

Estamos de passagem em todos os papéis de nossa vida e devemos deixar os espaços melhores do que quando os encontramos. Como estamos agindo em nosso dia a dia para proporcionar esse ambiente? Deixamos nossos espaços melhores do que quando encontramos?

A atitude vivida nesse pequeno café da manhã só me mostrou o que ainda estava por vir. **Tudo era feito de coração, sem obrigação, sem**

hierarquia, sem ordem e sem pressão. Apenas na simplicidade da vontade do coração.

O caminho de Santiago de Compostela é inteiro marcado pelas famosas setas amarelas. Podemos comparar essas setas à vontade vinda de nosso interior ou das profundezas de nosso coração. Nosso coração, nosso propósito, nossos objetivos são nossos guias durante a vida. O que vem do nosso coração são as nossas setas. O melhor papel que um líder pode exercer é ajudar as pessoas a encontrar as suas. Só podemos ajudar o outro a encontrar o seu propósito quando encontramos o nosso próprio propósito de vida.

Como o contraste entre uma coisa e outra gera a consciência de ambas, logo entendemos que não temos contraste em nossas vidas sem que tenhamos consciência e, continuando o paralelo, não temos as nossas próprias setas amarelas nos direcionando para o caminho correto. Nesses casos de ausência de contraste, de consciência, de propósito e de direcionamento, não há como ajudar.

Quando encontramos o nosso propósito e os nossos objetivos, o contraste que um dia tivemos, de não ter objetivo, nos gera consciência de que estamos em um outro patamar, e esse contraste nos faz acreditar que estamos no caminho certo. Desse momento em diante **já não importa mais a velocidade, mas a direção**. Lembramos do nosso amigo Pepe, que, com dificuldade para andar, completou o caminho em mais tempo que o normal, mas atingiu o seu objetivo, e, se não tivesse esse objetivo como "sua seta amarela" e se não expressasse seu propósito e suas dificuldades para os que estavam ao seu redor, possivelmente não teria como completar esse objetivo.

Alvaro e eu iniciamos a caminhada às 6h30 da manhã, quando ainda estava totalmente escuro. Era o nosso primeiro dia de caminhada juntos, e foi marcado por lindas paisagens e contemplação.

Os Pirineus estavam fechados um dia antes de começarmos a caminhada, no dia 1º de abril. Nevou muito e, infelizmente, um peregrino havia falecido na montanha no dia anterior. Ele se perdeu por conta do excesso de neve e acabou deixando a sua vida. No dia em que iniciamos o caminho, não sabíamos se a montanha estava aberta ou não. Mas decidimos ir por ali mesmo assim.

Aqui tivemos um grande aprendizado de liderança: a tomada de decisão. Analisamos os cenários de que dispúnhamos no momento e tivemos que tomar a decisão com base nessas informações. Depois de analisar os prós e os contras, e sem saber o que encontraríamos na montanha, decidimos seguir por ela. Apenas oito peregrinos tomaram essa mesma decisão.

Sempre que uma decisão é tomada, existe uma renúncia por trás dela. Não há como olhar a renúncia, mas devemos olhar a decisão tomada. Em meus 20 anos de mundo corporativo, pude presenciar muitas decisões serem tomadas e, na primeira dificuldade, houve arrependimento. Caminho perdido.

No momento da tomada de decisão, voltar atrás significava mais 10 quilômetros de caminhada. Renunciamos a um caminho mais curto para nos aventurarmos pelas montanhas dos Pirineus. Sabíamos que enfrentaríamos dificuldade por conta dessa decisão, mas seguimos por esse caminho até atingir o nosso objetivo, com resiliência e muita determinação, mesmo sabendo que seria o mais complicado e perigoso. Foi uma experiência única e, se eu tivesse que tomar novamente essa decisão, mesmo sabendo das dificuldades que passamos, teria feito da mesma forma.

A paisagem era linda no início da subida das montanhas, mas logo o tempo virou, e começou a nevar e chover forte. Com a neve, veio a dificuldade de caminhar e o medo de nos perdermos no caminho e termos o mesmo resultado do peregrino que perdeu a vida por conta dessa escolha. Tênis e roupa encharcados e extremamente gelados. Medo e frio aumentando. Muita neve, mas um cenário onde o silêncio absoluto e o poder da natureza estavam presentes o tempo todo. Eu estava sozinho nesse momento, pois a cada passo nos distanciamos dos nossos companheiros.

O que tinha para comer? Algumas barrinhas que eu havia comprado no dia anterior, mas isso não matava a fome. Eu estava no primeiro dia de caminhada e não sabia exatamente quais dificuldades iria enfrentar. Alguns sentimentos afloraram e passei muito medo e frio, até que, perdidos na montanha, encontrei dois italianos, o Luiggi e seu companheiro, do qual não me recordo o nome. Estavam completamente perdidos e sem a menor noção do local para onde estavam indo. A baixa temperatura nos leva à ausência de clareza e raciocínio. Orientei ambos ao caminho correto, dividimos uma barrinha de cereal e seguimos juntos por um tempo, na imensidão da montanha. Eram apenas a montanha e três peregrinos caminhando no meio do branco da neve. Em algum momento, devido ao frio, à umidade e ao vento gelado, deixei de sentir os dedos das mãos. A sensação era a de estar dentro de um congelador.

Muitas vezes, quando se toma uma decisão, o único caminho é seguir em frente até encontrar uma saída. Assim foi na montanha gelada dos Pireneus. Foram necessárias resiliência e muita determinação para seguir até o outro lado da montanha, pois a esta altura voltar para o caminho mais curto seria ainda pior. Já não era possível enxergar as setas amarelas, cobertas pela neve, e eu certamente me perderia em uma nevasca não muito segura.

No meio da montanha e da nevasca, quando eu já estava chegando ao meu limite físico, encontramos um abrigo. Não conseguia raciocinar e, por esse motivo, passei pelo abrigo sem a menor consciência de que poderia descansar um pouco dentro dele. No quinto passo após ter passado por ele, caiu minha ficha e decidi voltar para ver se estava aberto. Nós, brasileiros, não estamos acostumados a caminhar em montanhas no meio da neve, e eu não sabia bem como esses abrigos funcionavam.

Quando voltei, para minha felicidade, o abrigo estava aberto. **Vale relembrar aqui a nossa seta amarela. No caminho de Santiago, todo o trajeto é marcado por setas amarelas, mas, ao longo da**

nossa vida, essas setas amarelas são marcadas por sentimentos que muitas vezes não entendemos ou deixamos passar despercebidos. Algumas vezes chamamos isso de intuição, *gut felling*, **pressentimento, entre outros.** Eu tinha que continuar a caminhada para não perder caloria do corpo, que já era baixa neste momento. Eu não estava acostumado a esse tipo de cenário, mas, ainda assim, decidi voltar por intuição, para ver se o abrigo estava aberto. Para minha felicidade, a minha intuição estava certa.

Dentro do abrigo havia dois peregrinos tomando uma sopa quente, junto a um fogão improvisado que levavam. Um era inglês e o outro, alemão. Estavam caminhando havia seis meses e o destino final seria Santiago de Compostela. Dividiram comigo aquela sopa, que me aqueceu até o último fio de cabelo. Antes de entrar no abrigo, tive um pressentimento de que não encontraria a saída daquela montanha, mas, depois de tomar a sopa e me reaquecer, ganhei energia e calor para continuar a caminhada.

Dividi as minhas últimas barrinhas com eles e ali compartilhamos alguns momentos. Troquei a calça que usava por uma calça de chuva, descansei um pouco e segui a caminhada. Antes de chegar até Roncesvalles, ainda enfrentamos uma descida bem forte, com chuva, chão extremamente molhado e coberto pela neve. Passamos a fronteira da França com a Espanha debaixo de muita neve e enfim chegamos ao nosso destino. Foi uma boa caminhada para um primeiro dia.

Assim como em todo o trajeto, os peregrinos desejam um "*buen camino*". Nesse dia só percebemos que o caminho foi bom quando alcançamos nosso objetivo final do dia. Não havia quase ninguém para nos desejar *buen camino* nos longos e perigosos primeiros 23 quilômetros de Saint-Jean-Pied-de-Port até Roncesvalles. Chegamos salvos e fomos recebidos por um padre holandês, que nos indicou onde ficava o albergue e nos sugeriu um banho, pois estávamos completamente molhados e com muito frio.

Fomos os últimos a chegar ao albergue, visto que passamos dificuldades na montanha. Tomamos um banho quente, o que evitou uma boa gripe.

Nesse dia percebi o poder de uma decisão tomada. Dizem que há quatro coisas que jamais voltam:

1. a pedra depois de solta da mão;
2. a palavra depois de proferida;
3. a ocasião depois de perdida;
4. e o tempo depois de passado.

Eu diria que há mais duas coisas às quais nos devemos atentar: a **experiência vivida**, pois, sempre que perdemos uma experiência, vivemos outra, e esta jamais se perderá, sempre a levaremos conosco; e o fato de que podemos, sim, **voltar atrás**, pensando sempre no momento certo de fazer isso.

Como já dito neste capítulo, muitas vezes se toma a decisão e, na primeira dificuldade, volta-se atrás, sem nem ao menos ter tido a oportunidade de superar as dificuldades e os obstáculos. Isso foi muito recorrente em minha carreira profissional. **Todas as decisões de nossas vidas serão tomadas em cenários em que não teremos 100% da informação.** Fatalmente, precisaremos tomar a decisão em um cenário que terá um percentual de incertezas e obscuridades. Assim acontece em todas as ocasiões que exigem uma decisão nossa, ou seja, em quase todos os momentos da vida. Não temos como dominar ou esclarecer todas as hipóteses, sendo esse cenário impossível. O que temos é o cenário da decisão tomada e a responsabilidade por tal decisão. Devemos olhar esse cenário como a alternativa mais adequada para o momento em que foi tomada a decisão e seguir em frente, até que todas as possibilidades sejam exauridas. Muitas vezes se volta atrás em uma decisão em um momento anterior ao sucesso. Em outras palavras, bastava um pouco mais de insistência para se chegar ao ponto desejado.

Sempre, para cada decisão tomada, há a renúncia do caminho oposto. Assim levamos a nossa vida, e, quando temos de liderar, as decisões são necessárias. **A ausência de decisão é a ausência de liderança.**

Resiliência, decisão, renúncia e desafio foram as palavras que resumiram esse dia desafiador e único em toda a minha vida. Foi a sensação mais forte de medo que tive, de morte iminente, mas, ainda assim, assumi com responsabilidade a decisão tomada, enfrentei os desafios, que não foram poucos, com toda a minha resiliência e não pensei na renúncia do caminho mais curto. Segui em frente, certo de que, unindo todas essas características, eu chegaria ao meu destino daquele dia.

No final do dia, em um momento de reflexão, pensei que poderia ter sido pior se algo mais sério tivesse acontecido, mas nada é mais ou menos sério. Só acontece o que tem que acontecer, considerando o esforço e energia que colocamos em determinado desafio, o qual nos é concedido com base em nossas decisões.

O nosso limite está acima do que pensamos, e o nosso corpo físico limitado é apenas uma morada de uma energia muito mais forte do que imaginamos. É apenas o instrumento de caminhada do nosso verdadeiro eu.

Após esse longo dia, jantamos, assistimos à missa dos padres holandeses e fomos dormir para acordar revigorados na manhã seguinte.

Cada decisão vem com responsabilidade, resiliência, desafios e renúncia a um caminho diferente.

CAPÍTULO 6

Segundo dia de caminhada

De Roncesvalles até Zuriain

> *Planejamento é um ótimo começo, mas planeje sabendo que é possível ir além.*

No segundo dia acordei às 5 horas da manhã para começar a caminhada. Dobrei o saco de dormir, arrumei a mochila, vesti a roupa de caminhada e iniciei minha rotina dos próximos dias. Percebi que era uma rotina diária do caminho, e aqui há alguns aprendizados que iremos explorar juntos ao longo desta leitura. A rotina é importante em nosso dia a dia, e a prática nos leva à perfeição. Tudo que vira hábito fica mais fácil.

Antes de dormir, na noite anterior, uma nova decisão. Tomar ou não café da manhã no albergue. Tínhamos de definir na noite anterior para que os padres preparassem o café no dia seguinte com base no número de pessoas que optassem por essa alternativa. Todas as decisões são apenas decisões. As simples e as complexas são igualmente decisões. Tomamos decisões em todos os momentos de nossa vida. Uma decisão, segundo o olhar de um terceiro, pode parecer mais simples, mas todas têm a sua importância e seu significado para quem está inserido em seu contexto. Para alguns, uma simples decisão pode ser a mais complexa das decisões, mas são necessárias.

Decidi não tomar café da manhã no albergue, pois o que tinha no caminho me importava mais do que o cenário já conhecido do "café no albergue". Esta é mais uma característica da liderança. **O cenário que já conhecemos é sempre o mais cômodo, porém o desconhecido nos leva além.**

Eu tenho como característica conhecer coisas novas; por isso, se tivesse optado por tomar o café da manhã no albergue, poderia perder o apetite e não querer comer no meio do caminho, e, confesso, **a nossa caminhada é um universo imenso para o desconhecido e para novas descobertas. É puro aprendizado.**

Eu tinha um iogurte na mochila, que era a sobremesa do jantar da véspera, mas, como sou um bom planejador, guardei para o café da manhã. Claro que para comer o iogurte não tinha sequer uma colher, então aprendi a fazer uma colher com a tampa de alumínio do próprio pote. Quantas vezes, quando tinha de ficar até mais tarde na empresa fazendo fechamento ou orçamento, uma folha de sulfite virava prato de pizza, ou então uma caneta sem a carga se transformava em canudinho? Lembrei dos meus dias de fechamento contábil e pura criatividade na hora de comer. No momento da necessidade, sempre ficamos criativos, ainda mais quando se tem um resultado para entregar.

Nesse pequeno café da manhã, podemos tirar como aprendizado a importância do planejamento: para ir além, precisamos sair da situação cômoda que vivemos. O improviso é necessário e a necessidade traz a criatividade.

Comecei a caminhada às 6 horas debaixo de muita chuva. Ainda estava escuro e encontrei Jordan no primeiro quilômetro do caminho. Jordan era um bombeiro americano, que estava passando férias na Europa. Falaram para ele do caminho de Santiago e ele decidiu conhecer. Caminhou do primeiro ao último dia até chegar ao seu objetivo, que era Santiago de Compostela.

Caminhamos na chuva o dia todo. A capa de chuva, a mochila nas costas e o suor que não tem como evaporar incomodam um pouco. Algumas situações no mundo corporativo também me incomodavam, como quando mudavam a minha agenda, reunião marcada após as 18 horas, reclamações infinitas dos superiores ou subordinados, mudança de cor em apresentação de PowerPoint, mas nesse dia de chuva tive uma bela reflexão. Eu precisava sair da origem e chegar ao meu destino da caminhada naquele dia. Tinha um objetivo a cumprir com ou sem chuva, logo, a chuva não era minha escolha. **Tudo o que não conseguimos mudar, nós adaptamos. Eu precisava me adaptar à chuva e pensar em como me molhar menos.**

Existem muitas situações ao longo de nossa vida em que não estamos aptos e não nos cabe mudar. Precisamos nos atentar e não deixar que essas situações alterem nossa rota ou nos atrapalhem de alguma forma. Assim como a chuva desse dia, podemos sentir algum incômodo, mas de nenhuma maneira a chuva me fez desviar do objetivo final. O frio e a chuva foram simplesmente um obstáculo adicional, mas nos adaptamos com a capa e seguimos a caminhada, apreciando e agradecendo por mais aquele dia e pelos belos cenários que pudemos avistar.

Passamos por um vilarejo chamado Borguette, um povoado bem charmoso. Um pouco mais adiante havia um vilarejo chamado Aurizberri. Paramos nesse local para tomar um café tipicamente espanhol. Eram 7h30 da manhã quando começamos a escutar uma manifestação de cerca de 50 pessoas (para o vilarejo, que tinha 55 pessoas, era algo grande). Indagamos a espanhola que estava nos servindo o café, e ela nos explicou que se tratava de uma manifestação para preservar a língua da região, a euskera. O mais interessante, porém, foi o comentário no final da conversa. Ela disse: "Eu não sou espanhola. Sou basca".

Continuamos nossa caminhada e chegamos até a cidade de Zubiri, que era nosso destino final para esse dia, mas estávamos muito dispostos e decidimos seguir um pouco mais. Nesse momento já havíamos caminhado 21 quilômetros desde Roncesvalles. Paramos para tomar um café com *tixtchara*, que, para os brasileiros, parece uma linguiça mineira, com ovos e batata frita. Delicioso! Aliás, além dos aprendizados de liderança que o caminho de Santiago me proporcionou, também tive grandes momentos gastronômicos. Aqui me lembrei daquela velha frase que utilizávamos em momentos de descontração nos fechamentos de trimestres: *"Work hard, play hard"*. Compramos algumas frutas e seguimos nossa caminhada nesse dia longo e chuvoso.

Planejamos continuar por mais 6 quilômetros e dormir em um povoado chamado Larrasoaña. Caminhamos sem dificuldade até lá, e ainda tínhamos disposição, então decidimos seguir ainda mais. Chegamos a Akerrcta, porém não havia uma estrutura onde valesse a pena ficar, portanto optamos por um albergue em Zuriain chamado La Pousada. Foi a melhor decisão do dia. Já estava cansado e o corpo, com sinais de fadiga. Caminhar 31 quilômetros pode parecer fácil, mas devemos nos lembrar de que estamos carregando uma mochila de quase 10 quilos nas costas, rotina que duraria ao menos pelos próximos 30 dias, logo, é necessário poupar energia e ouvir o corpo. Devemos poupar nosso "abrigo da alma" e prestar atenção em nosso corpo. Os detalhes falam, e as dores que eu já estava sentindo me diziam para parar naquele momento. Eu já tinha ido além do planejado e, se avançasse mais, poderia sofrer consequências que certamente estragariam a viagem.

Aqui fica um grande aprendizado. Seguimos em frente, mesmo que o nosso planejamento previsse uma parada quase 10 quilômetros antes. Seguir em frente valeu cada metro, pois, além de o casal proprietário do albergue, senhor Antonio e dona Maria José, ser extremamente simpático, tivemos uma noite de jantar que superou nossas expectativas. **Ir além vale a pena, mas preste atenção na hora de parar.**

Nesse albergue havia apenas seis camas. Ficamos eu, Jordan, um casal de italianos e duas espanholas.

Tomei um banho quente e descansei um pouco. Com a queda da adrenalina, senti uma dor nas costas que não era comum. Fui olhar o que tinha acontecido e estava com uma escoriação profunda em apenas um dos ombros. Fiquei tentando imaginar o que poderia ter causado aquele ferimento. Analisei a capa de chuva, mas não me parecia ter vindo dela. Verifiquei se havia alguma costura na camiseta e nada. Somente quando olhei a mochila percebi que o fecho de um dos ombros não estava bem preso. Ao colocar a mochila nas costas, constatei que o fecho estava causando um desequilíbrio de peso para um dos lados do corpo. Nesse momento percebi que o diabo mora nos detalhes. **Tudo é importante e, por mais que um detalhe pareça insignificante, ele pode tirá-lo do jogo.** É preciso prestar atenção nos detalhes.

Nesse dia jantamos e conversamos sobre problemas e razões para estarmos no caminho. Foi sensacional, e todos mostraram um ponto em comum: a busca e a descoberta do melhor que cada um tem dentro de si.

Nesse segundo dia eu já acumulava aprendizados que não vivi em 20 anos de mundo corporativo. Nesses dois dias aprendi que podemos ir além, que devemos buscar o que cada um tem dentro de si, que a melhor liderança se inicia na autoliderança, que é preciso prestar atenção nos detalhes, que criatividade e improviso são necessários ao longo de nossa vida, que planejamento nos dá um norte, mas não deve nos limitar, que não devemos nos preocupar com situações que não conseguimos mudar e mais uma série de outros aprendizados que talvez não estejam descritos aqui, mas o mais importante, e que nos seguirá ao longo desta leitura, é que **cada um tem o seu caminho, e isso faz com que cada um tenha também o seu próprio propósito**. Trataremos mais desse assunto nos capítulos a seguir.

Como o planejamento é extremamente importante, encomendamos na própria pousada um sanduíche de presunto com queijo e algumas bananas para o café da manhã do dia seguinte. Claro, dividi esse ensinamento com Jordan, que repetiu a ação.

CAPÍTULO 7

Terceiro dia de caminhada

De Zuriain até Obanos

> *Cada caminhante tem seu próprio caminhar e cada líder, seu próprio liderar.*

Mais um dia de caminhada. Acordamos cedo, arrumamos o saco de dormir e a mochila, comemos nosso sanduíche de presunto e queijo do dia anterior e saímos para o nosso objetivo. Só tínhamos uma coisa a ser feita no dia: caminhar. Mas como se pode caminhar por um lugar especial e não prestar atenção em tudo? Como não respirar aquele ambiente tão mágico e tão cheio de histórias? Apesar de termos claro o nosso objetivo, que era caminhar de Zuriain até Obanos, tínhamos muitas coisas a serem feitas ao longo do dia. Não era apenas caminhar, mas imaginar, aprender, conversar e diversas outras missões. É preciso se autoliderar e se concentrar no objetivo, caso contrário, a caminhada será cansativa. Não é fácil ficar consigo mesmo por 8 a 10 horas por dia, apenas caminhando e escutando o silêncio. É preciso se concentrar e ter foco.

No caminho de Santiago pude perceber que cada passo me levava ao objetivo principal. Havia um propósito e um norte. Essa era a grande meta, mas também havia as pequenas ações do dia, as pequenas metas. Sem elas, eu jamais alcançaria o objetivo de chegar a Santiago de Compostela. **Divirta-se com as pequenas metas e não deixe de focar na maior delas.**

Saímos para caminhar ainda no escuro. Fazia muito frio. As estrelas estavam belíssimas e vivemos uma linda experiência. Caminhamos à luz das estrelas até o dia amanhecer, aliás, o amanhecer no caminho de Santiago merece um livro à parte. Jordan acendeu seu charuto e caminhou fumando.

A nossa primeira parada nesse dia foi Pamplona. Paramos no Iruña Café e, claro, tiramos uma foto com Ernest Hemingway, que era frequentador assíduo do lugar, por isso o eternizaram e o homenagearam com uma estátua tomando o seu café matinal. Depois do café, Jordan passou a seguir em passos largos e eu fui ficando mais atrás. Em uma caminhada de quase 1.000 quilômetros com mais de 30 dias de duração, é muito importante seguir o seu ritmo, os sinais do seu corpo, sua respiração e seu cansaço. É preciso atentar para os seus limites. Se pensarmos em nossa caminhada de 70, 80 ou mesmo 90 anos, há muitos sinais aos quais podemos nos atentar, mas disso trataremos nos próximos capítulos do livro. Neste momento, é importante aprendermos que viemos sós, caminhamos sós e partiremos sós. **Cada caminhante tem o seu próprio caminhar.** E sobre os líderes nas nossas vidas e organizações? Cada um deles tem o seu estilo de liderar e o seu estilo de ser liderado. **Somos seres únicos e cada um tem suas próprias vontades, seus valores e, principalmente, seu propósito.** Nosso caminho é feito para ser seguido só. **Nossa maior jornada é conosco, e somente nós mesmos conseguimos entrar no mais profundo sentimento ou razão para nos elevarmos e atingirmos um nível superior.**

Hemingway dizia que "não há nada nobre em ser superior ao seu semelhante. A verdadeira nobreza é ser superior ao seu antigo eu". Devemos olhar para dentro de nós hoje e nos perguntarmos como seremos melhores amanhã. Como seremos uma pessoa melhor, um líder melhor, um liderado melhor e como aprenderemos as lições de hoje para usá-las amanhã sem nunca perder o foco e o objetivo maior. Nosso dia é coberto de pequenos aprendizados. Como podemos potencializá-los?

Nesse momento de solidão, caminhei em lugares privilegiados da natureza e tive os melhores *insights* do caminho. **O caminho era o que de fato importava, e não mais o objetivo, pois, não desviando do caminho, o objetivo será consequência**, e tudo isso estava dentro de mim, mas somente a voz do silêncio podia me dizer.

Caminhei por longos quilômetros, pensativo e reflexivo, até chegar à cidade de Zariquiegui. Quando entrei nessa cidade, encontrei Jordan novamente e mais um italiano que conhecemos ao longo do percurso. Quando tiver de reencontrar alguém ou algo, você encontrará. Tomamos uma cerveja, conversamos um pouco e seguimos a caminhada rumo ao Morro do Perdão.

Nesse momento, estava com a mais profunda vontade de caminhar sozinho e continuar com os *insights* e pensamentos que com certeza me levariam a outro nível de pensamento. Deixei que ambos caminhassem na frente e fui seguindo meus passos, ainda rápidos, porém mais lentos que os deles. Percebi que caminhava rápido demais e podia reduzir o passo.

Na subida do Morro do Perdão, encontrei o peregrino que me serviu a sopa dentro do abrigo no primeiro dia de caminhada nas montanhas dos Pirineus, quando estava quase congelado, e era grato por isso. Ele tinha torcido o tornozelo e sentia muita dor. Parou para descansar, e seu tornozelo estava bem inchado. Ele vinha caminhando já há alguns meses e era um homem bem forte. Tinha aproximadamente 1,95 de altura, uns 100 quilos, e me parecia uma pessoa muito saudável, mas nada disso o isentou de uma queda e uma torção no tornozelo. Às vezes somos ou estamos fortes perante o outro, mas tudo é passageiro e pode mudar em questão de segundos. Esse peregrino estava quase deixando o caminho de Santiago, pois não dispunha de analgésico e tampouco anti-inflamatório. Eu tinha levado alguns na mochila, então tirei a minha cartela e não hesitei em ceder meus remédios a ele.

Essa foi a minha oportunidade de retribuir o que ele havia feito por mim na montanha. Assim é a nossa vida. Em alguns momentos estamos fortes e preparados, em outros, fracos e expostos. Em alguns momentos somos fortes e não pensamos nos mais enfraquecidos, mas no futuro tudo pode ser diferente. Portanto, **o mais importante é estar sempre preparado para poder ajudar e ceder, pois dessa forma sempre estará em uma posição de compaixão e tudo lhe será recompensado de alguma maneira.**

Não pensei que fosse precisar dos remédios, e a sensação naquele momento era de que o anti-inflamatório estava na minha mochila justamente para aquela situação. Entreguei o medicamento para ele e segui o meu caminho, pois o grande ensinamento do dia era que o caminho seria solidário. Ele se queixou por ter escolhido aquele caminho, mas jamais disse que o destino tinha escolhido o caminho por ele. A responsabilidade foi dele em fazer tal escolha.

Após alguns minutos de caminhada, cheguei ao morro. Cenário para meditação e fotos. Lá no alto, os moinhos de vento no estilo Dom Quixote de la Mancha e as estátuas dos peregrinos decoravam o local. Após alguns minutos de pura apreciação, seguimos.

Começamos a descer o morro e encontrei um espanhol morador do local. Eu estava com muito medo de perder a incrível Santa Maria de Eunate e perguntei a ele o local exato em que ficava a igreja para que eu não a perdesse de forma alguma – e ele se espantou. Respondeu-me que eram poucos os peregrinos que faziam essa visita e iniciamos uma longa conversa sobre a igreja e sua história. Vou me dar a liberdade de contar de forma resumida a história dessa igreja, mas lembro que o foco de nossa leitura é explorar os aprendizados de crescimento e liderança do caminho, e não os pontos culturais, embora haja alguns lugares especiais que valem a história.

Santa Maria de Eunate é uma igreja especial, um pouco fora do caminho tradicional. Uma igreja que, segundo a lenda, fora construída pelos cavaleiros templários em 1170, apesar de não haver nenhuma menção a respeito. A história conta que fora contratado um artesão extremamente qualificado para construí-la e que pertencia à ordem dos templários. Depois de iniciado o trabalho de escultura do pórtico da igreja, o artista foi convidado para um outro trabalho e largou a igreja inacabada, porém nesse período ele adoeceu e ninguém soube mais de seu paradeiro. A igreja precisava ser terminada, então um substituto foi contratado.

O substituto era da raça Jentilak, que, para a mitologia basca, eram gigantes com força sobre-humana capazes de arremessar pedras a longas distâncias. Essa raça de gigantes também era especialista em trabalhos com pedra. Ele já estava aposentado, mas decidiu aceitar a obra e a finalizou com maestria e em tempo recorde, o que foi admirado por todos.

Após o término da obra, o primeiro artesão regressou para finalizá-la e a encontrou pronta, o que o deixou em cólera. Reclamou para todos e acordou o abade local dizendo que faria outro pórtico em três dias e que seria igual ou superior ao já feito pelo gigante. Combinou, ainda, que, se não conseguisse esse êxito, seria expulso da vila por conta de sua vaidade e arrogância. Essa tarefa seria impossível, pois o gigante era um verdadeiro especialista em pedras e, por isso, conseguiu o feito, mas o artesão era um mero mortal. Percebendo isso, recorreu à magia e procurou Lamiñak (Lâmia), uma sábia senhora feiticeira. Ela então o orientou a fazer uma magia com uma serpente da fonte junto com a pedra da lua, que ficava na boca da serpente. Assim seguiu o artesão e executou a magia da forma como previu a feiticeira, conseguindo, dessa forma, recriar um pórtico exatamente igual ao do gigante, porém refletido como espelho, de forma invertida.

O gigante, ao descobrir que seu pórtico fora plagiado através de magia, ficou enfurecido e, com suas fortes mãos, arremessou para a cidade de Olcoz seu próprio trabalho e o do artesão. Assim, até hoje os pórticos estão na Igreja de São Miguel, em Olcoz, exatamente iguais, mas com suas imagens invertidas.

Com uma história dessas, não tinha como não visitar a Igreja de Santa Maria de Eunate. Esse foi o motivo por que o morador local ficou extremamente entusiasmado e me disse que poucos eram os peregrinos que se interessavam pela história local.

Assim também vivemos muitos dias de nossa vida. Com frequência, não nos interessamos pelas histórias locais de cada um, e muito menos pelo propósito de cada um. Cada ser tem o seu propósito, seus medos e decisões (como já falamos, não há decisão simples ou complexa).

Na condição de líder, o fato de não se interessar pelo propósito do liderado pode gerar, em consequência, um desinteresse por parte deste, o que dificultará o convencimento e a atividade de liderar. Como as pessoas podiam fazem o caminho de Santiago sem se interessar pelas histórias locais?

Cheguei a Muruzabal e segui para visitar a Santa Maria de Eunate, saindo do caminho tradicional e desviando até essa obra do século XII. Jordan e nosso amigo italiano decidiram seguir pelo caminho tradicional, até porque nem sabiam da existência dessa igreja e dessa lenda.

Após caminhar mais de 40 quilômetros, senti que foi um dia compensador. Outro dia de limites superados, e valeu a pena. Ayrton Senna já dizia que, "quando pensava que estava chegando ao seu limite, descobria que tinha forças para ir além".

Eu já estava com muita dor, exausto, mas foi gratificante. O esforço foi bem compensado. Vi a Igreja de Santa Maria de Eunate e encontrei a Leila, uma brasileira que só voltou para o caminho de Santiago de Compostela para visitar essa igreja, de tanta energia e história que a circundam. Fiquei feliz de ter vivido essa experiência.

Determinação, garra e motivação por um grande propósito valem a pena. **O caminho pode até ser tortuoso e nos levar a algumas dores, mas no final é gratificante.**

No fim do dia, escrevi este trecho no meu diário:

"Meu corpo era pura dor e não consegui chegar até Puente de la Reina. Dormi em Obanos. Tomei um banho delicioso, lavei a roupa, coloquei para secar e fui à venda do povoado comprar pão e frios para o café da manhã. Depois jantei o menu do peregrino de um restaurante que tinha coelho e polenta, e estava maravilhoso. Tomei algumas taças de vinho e fui me deitar, pensando como seria esta vida no século XII, quando a igreja foi construída. Tenho o privilégio de caminhar e apenas apreciar a paisagem e as construções, sem temer um inimigo que quer me matar e sem me preocupar se terei alimento ou lugar para dormir. Eu devo ser grato a todos que viveram até ali para construir aquela história e devo valorizá-los. Devo pensar que eles tiveram os seus caminhos e eu estou tendo o meu, mas isso não torna um mais importante que o outro. São apenas diferentes, e cada qual teve a sua oportunidade de construir a própria história."

CAPÍTULO 8

Quarto dia de caminhada

De Obanos até Estella

> *A experiência, os problemas e as coincidências são resultados de nossas próprias escolhas.*

Mais um dia de caminhada. Acordei cedo, dobrei o saco de dormir, arrumei a mochila e a ajustei em minhas costas. Os detalhes eram muito importantes, e eu já havia aprendido essa lição. Comecei o dia com uma grande reflexão. O saco de dormir pesa aproximadamente 700 gramas e tem 190 × 70 centímetros. Ele deve ser dobrado e inserido em um "porta-saco de dormir" com 15 × 10 centímetros. Esse desafio parece impossível, ainda mais às 5 horas da manhã com sonolência. Até esse dia, essa atividade demorava para ser feita e eu sempre tinha a impressão de que não seria capaz de inserir aquele saco enorme dentro daquele porta-saco de dormir minúsculo, mas, após alguns dias de prática, tudo se tornou mais fácil. Esse era um desafio matinal que até então me incomodava. Algumas vezes já nos deparamos com algo que tiramos da caixa e não conseguimos colocar de volta, e então pensamos:

como isso estava dentro desta caixa antes? Como isso entrou nesta caixa, sendo o objeto maior que o recipiente que o guardava antes? Acredito que todos já passaram por essa sensação algum dia na vida.

Depois desse dia eu percebi que era possível. Que era apenas uma impressão que eu tinha de que não seria. Assim também acontece em nossas vidas. Muitas vezes olhamos um desafio como impossível de ser atingido, e nosso primeiro pensamento, geralmente, é: "Isto é impossível de ser alcançado". Essa é a primeira coisa que pensamos. Por que será que nos limitamos sem nem ao menos termos tentado? Por que será que nos defendemos desse desafio sem nem ao menos darmos o nosso melhor para alcançá-lo? Confesso que em todos os dias anteriores eu dava o meu melhor para vencer o desafio do "saco de dormir", até que um dia percebi que era fácil vencer esse desafio; mais do que isso, eu precisava mudar minha forma de pensar. Já sabia que o saco de dormir cabia no recipiente, mas ainda assim pensava que não, e isso ocorreu até esse dia. A partir de então, passei a ter a convicção oposta ao meu pensamento, **com base na prática, e isso tornou a atividade mais fácil.**

Assim ocorreu também com outros desafios ao longo do caminho e da vida. Já tinha caminhado mais de 40 quilômetros em um só dia, logo, sabia da minha capacidade. No mundo corporativo, já fui líder de um projeto com 250 pessoas envolvidas, então já tinha liderado grandes equipes. Já aceitei desafios enormes de criação de *shared services*, de contribuir para a área comercial aumentar preços e vendas, de entregar um *valuation* em tempo recorde, ou mesmo um *budget*, e sempre pensei que seria impossível, mas no final, com esforço, dedicação e comprometimento, eu sempre conseguia. Muitas vezes, em nosso dia a dia, pensamos apenas na dificuldade, mas **a energia que gastamos pensando na dificuldade é a mesma que gastaríamos pensando na solução para o desafio, e quando superamos o desafio, a satisfação é bem maior.** A reflexão nessa manhã foi: por que sempre pensamos primeiro que é impossível? Por que não pensamos nas soluções ou alternativas que temos para cumprir o desafio e entregar o resultado? Assim é o nosso dia a dia como autolíder.

Achamos que não conseguiremos vencer os desafios da vida e os problemas que ela nos traz, mas sempre conseguimos. **Devemos dedicar nosso tempo a encontrar as soluções, e não a discutir as dificuldades.**

Saí para caminhar ainda no escuro. Gostava de sair nesse horário, pois, como já comentei, via sempre o nascer do sol. Caminhei boa parte do tempo sozinho, até que parei em uma igreja chamada Nuestra Señora de La Asunción, em Villatuerta. Chegando a essa igreja, encontrei uma senhora de 80 anos chamada Eliza. Ela é voluntária no local desde 1990 (ou seja, aproximadamente 27 anos prestando serviço sem ganhar sequer um salário mínimo). Conversamos um pouco e pude perceber que todas as escolhas dela tinham propósito e fundamento. Ela era casada havia 50 anos, extremamente simpática, e me contou a história completa da igreja. Nesse momento me lembrei das tantas situações que passei no mundo corporativo, com desafios pequenos, como abrir a igreja todos os dias, e, mesmo sendo remunerado, eu não via os desafios serem facilmente aceitos por mim ou mesmo superados. Eliza, com seus longos 80 anos, há 27 anos abre e fecha a igreja todos os dias com o propósito de mostrar o conteúdo que ali está e contar a história dessa construção para todos os peregrinos que tiverem curiosidade. **Uma lição de propósito.**

Nessa cidade de Villatuerta encontrei uma fonte de água e uma placa ao seu lado dizendo:

Bebed agua Peregino
Tomad descanso Y dejad sed.
Y en próxima etapa sabed
Que os dará fuerza un Buen Vino.

Aquí nació San Veremundo
Que en Irache fue abad.
Pedid su graça Y marchad
Haciendo amor el Camino.[1]

Com esses dizeres, eu soube que ali nasceu e viveu o Veremundo, abade de Irache que dedicou grande parte de sua vida a atender os peregrinos. Também soube que estava perto da Fonte de Irache, uma fonte de vinho, e certo de que ele me daria forças para continuar o caminho nesse dia. Veremundo viveu no tempo em que os peregrinos eram perseguidos e mortos pelos mouros. Havia bombardeio de flechas e espadas, e perigo constante de perder a vida em um piscar de olhos. Divididos pelo tempo, os peregrinos atendidos por Eliza são perseguidos pela escravidão do mundo material, pela ignorância criada pela facilidade de informação e pelo bombardeio de falsas notícias distribuídas por fontes nada confiáveis e cheias de interesse. Ambos com os seus respectivos valores.

Registrei esse belo ato de voluntariado em diferentes períodos de tempo e segui minha rota em busca de novos aprendizados. Caminhei apreciando a paisagem e avistei no meio dela uma igreja ermita, a um ou dois quilômetros do caminho principal. A construção era extremamente simples e estava cercada de oliveiras. Claramente fora usada como abrigo para peregrinos e templários. Desviei do caminho e segui até ela. Entrei na igreja e senti uma vibração bem diferente do que já tinha sentido ao longo da minha vida, em meio à reflexão que acabara de fazer em relação ao trabalho voluntário de Veremundo e Eliza.

Senti uma vontade imensa de contribuir de alguma forma para o mundo, e nesse momento surgiu o desejo de escrever este livro,

---

[1]. "Bebe água, peregrino / Descanse e mate sua sede. / E saiba que na próxima etapa / Um bom vinho dará força. / Aqui nasceu São Veremundo / Que foi abade em Irache. / Pede a sua graça e marche / Fazendo amor com o caminho." [Tradução minha.]

passando para outras pessoas os conhecimentos que me foram presenteados. Esse assunto ainda será abordado oportunamente, mas **as nossas decisões diante dos problemas estão baseadas em nossas experiências, e as nossas experiências são vividas com base em nossas próprias escolhas. O segredo para tirar o melhor de cada equipe é justamente aproveitar as experiências alheias e formar uma experiência mais forte, como equipe.**

As paisagens dessa região são belíssimas e merecem muitas fotos. Nessa área há diversas pontes medievais e algumas construções góticas. Após dias de longas caminhadas, nosso corpo começa a sentir o cansaço, porém todo o controle está em nossos pensamentos. Eles comandam o corpo. Quando controlamos os nossos pensamentos em sua origem, começamos a mudar a nossa forma de pensar. Podemos converter os pensamentos críticos destrutivos ou negativos em pensamentos positivos. O excesso de informação nos atrapalha na jornada, por isso devemos escolher as informações que absorvemos e aprender a filtrar as informações que são levadas até nosso conhecimento.

Após longos 25 quilômetros de caminhada levando uma mochila de mais de 10 quilos, deparei-me com uma placa de quilometragem. Meu objetivo era chegar a Estella, e a placa dizia que ainda faltavam 4,7 quilômetros para alcançar meu destino final do dia. Saber dessa informação não foi prazeroso, pois, quando temos informações demais, passamos a criar os problemas e limitações em nosso cérebro, que comanda o nosso corpo e "cria" cansaço em vez de buscar alternativas. Segui em frente até chegar a Estella. Lavei roupa, descansei e escrevi meus aprendizados do dia.

Sempre conseguimos suportar nossos problemas e não devemos nos preocupar com o futuro. Devemos colocar energia nas alternativas e soluções, e não em nossas limitações. Excesso de informação pode nos desviar do foco principal e, com um propósito bem definido, somos capazes de ter responsabilidade sobre nossas ações, mesmo sem sermos recompensados por isso. A escolha é sempre nossa.

Saí para jantar com Javier, meu amigo espanhol, e, por um feliz acaso, falamos sobre coincidências e escolhas. Tudo são escolhas nossas, e o caminho de Santiago pode ser marcado, para alguns, pela religiosidade, que nada mais é do que a comunhão, e, para outros, pela espiritualidade, que é um sentimento pessoal, individual e solitário.

CAPÍTULO 9

Quinto dia de caminhada

De Estella até Torres Del Río

> *O equilíbrio leva a uma rotina fácil e leve. Quanto menos, mais.*

Como de costume, acordei cedo, agora com mais prática e sem o pensamento limitante, dobrei o meu saco de dormir em menos de dois minutos, arrumei minha mochila e parti para mais um dia de reflexão e caminhada.

Percebi nesse dia que, depois de abandonar os pensamentos limitantes, focar minha energia em soluções e prestar atenção no tipo de informação que me fazia ir além ou me limitava, dobrar o saco de dormir estava se tornando cada vez mais fácil. Ter uma rotina torna a vida mais simples. A minha era simples: acordar, dobrar o saco de dormir, arrumar a mochila, tomar café da manhã, caminhar 25, 30 ou pouco mais de 30 quilômetros, parar para comer quando tivesse fome, tomar água quando tivesse sede, chegar ao meu destino final, tomar um banho, lavar a roupa, comer algo se estivesse com fome, planejar o café da manhã do dia seguinte, ir dormir, acordar e começar tudo de novo, e isso me fez pensar e refletir que, quanto menos atividades temos em nosso dia a dia, mais fácil se torna cumprirmos todas elas. Se temos uma rotina, criamos um hábito, e os hábitos são mais fáceis de realizar.

Nossa vida é uma rotina. Acordamos, tomamos café, saímos para trabalhar, chegamos ao trabalho, lemos os e-mails, vamos a uma reunião, voltamos, lemos mais e-mails, saímos para outra reunião e assim por diante. O que complica o nosso dia a dia são os bombardeios de informações que recebemos ao longo do dia e as atividades que não estão planejadas e que fogem da nossa rotina. Em nosso dia a dia, certamente teremos as atividades de última hora, mas podemos nos planejar criando uma rotina com poucas atividades e atividades de impacto. Nesse dia eu percebi que, assim como no caminho de Santiago, quanto menos atividades eu colocasse em minha rotina diária de vida e quanto menos informações eu levasse comigo, mais fácil seria o meu dia a dia. **Quanto menos atividades eu tivesse em meu dia a dia, mais tempo teria para me preocupar com soluções de alto impacto.** Quanto menos "coisas" eu tivesse para colocar dentro da mochila, ou da mente, mais rápido eu sairia para caminhar e mais leve seria a minha bagagem. Com uma mochila mais leve, certamente eu chegaria de forma mais fácil ao meu objetivo final.

Leve para o seu dia a dia somente o que importa para alcançar seu objetivo final.

Mais uma vez saí para caminhar antes do amanhecer. Cheguei a uma encruzilhada e, como ainda estava escuro, procurei pela seta amarela que guiava o caminho. Muitas vezes a seta indicando o caminho está dentro de nossos corações e vem em forma de intuição. Procurei a seta e não a encontrei, mas ainda assim decidi seguir por um determinado caminho que, felizmente, estava correto.

Cheguei à adega de Irache, uma vinícola que disponibiliza uma fonte de vinho à vontade com somente uma regra de uso:

A beber sin abusar
Te invitamos con agrado.
Para poderlo llevar
*El vino ha de ser comprado.*²

    O abuso é sempre malvisto em todas as situações. Muitas vezes, em nossa vida de líder, agimos somente sob nossa própria ótica e não nos colocamos no lugar do liderado. Esse olhar exclusivo, de "líder", pode ser visto como uma atitude egoísta e abusiva pelo liderado. Temos o dever, como líderes, de oferecer as melhores condições para que cada liderado possa fazer o seu trabalho da melhor forma possível e conceder a eles condições para tal, sempre dentro das limitações de cada um. A adega de Irache nos ofereceu vinho sem abuso por meio de sua fonte, partindo do pressuposto de que naquele momento haveria peregrinos com sede. Como líder, qual o pressuposto que você possui para liderar a sua equipe? Qual seria a sua oferta de contribuição para cada membro dela? O que você oferece a eles?

    Passei pela adega de Irache, tomei a minha dose de vinho e segui minha caminhada. A paisagem era incrível e, a cada passo que eu dava, uma nova paisagem se formava, sob uma nova ótica. Essa é a magia da maturidade. A cada passo que damos como autolíder ou como líder, temos a oportunidade de olharmos a mesma situação sob um novo prisma. Essa é uma das mágicas da vida e do caminho de Santiago. Basta um passo para mudar o ângulo do sol e transformar as sombras em uma nova paisagem.

    Nesse dia eu tinha como meta caminhar 29 quilômetros. Consegui concretizar a meta do dia e caminhei até Torres Del Río. Sempre com determinação, reflexão, aprendizados e admiração do belo cenário, pensando como seria atravessar esse mesmo caminho há mil anos, quando os peregrinos eram perseguidos. Com esse pensamento, re-

---

2. "Bebendo sem abusar / Te convidamos com prazer. / Para poder levá-lo, / O vinho tem que ser comprado." [Tradução minha.]

vivi o sentimento daqueles que viajavam levando a história que seria construída. Ao caminhar, e pensar nos que haviam percorrido aquele trajeto, passei na frente de um cemitério que me chamou a atenção. Nele havia uma placa com os dizeres:

> *Yo que fui*
> *Lo que tu eres.*
> *Tu serás*
> *Lo que yo soy.*[3]

Talvez seja a frase mais realista do caminho de Santiago de Compostela. A nossa mente é capaz de ir aonde desejarmos e captar tudo aquilo que estivermos abertos para receber. Por isso, é muito importante estarmos atentos ao tipo de informação que queremos captar, e como essa informação será útil para nos levar além; ao que estamos abertos para pensar e criar nossas ações para colher os resultados. Quanto menos informações tivermos, mais leve será a nossa mochila, principalmente informações que não são úteis para alcançarmos nossos objetivos.

A minha meta era chegar a Finisterra, saindo de Saint-Jean. Eram aproximadamente 1.000 quilômetros de caminhada, mas nesse dia a meta era caminhar 29 quilômetros. O grande objetivo foi dividido em pequenas etapas e todos os dias eu acordava com a determinação de vencer esses pequenos objetivos diários. A cada passo dado, mais perto eu ficava do meu grande objetivo, e cada pequena vitória era motivo para comemoração. Eu sabia que ainda tinha uma grande jornada pela frente, mas a cada dia vencia uma batalha. Devemos comemorar as pequenas conquistas que nos deixam mais perto do grande objetivo. Eu tinha um objetivo de longo prazo, que era caminhar 1.000 quilômetros, e objetivos de curto prazo, que eram caminhar determinada quilometragem por dia, e isso tinha se tornado um hábito e uma rotina. **Assim é a vida de um líder caminhante.**

---

3. "Eu que fui / O que você é. / Você será / O que eu sou." [Tradução minha.]

CAPÍTULO 10

Sexto dia de caminhada

De Torres Del Río até Logroño

> *Por quê? Por que caminhas, caminhante? Aonde quer chegar?*

A rotina com foco no objetivo principal torna tudo mais fácil. Acordei, como de costume, antes do amanhecer e, em menos tempo do que no dia anterior, mas em mais tempo do que provavelmente no dia seguinte, dobrei o saco de dormir, arrumei minha mochila, tomei o meu café, que já estava preparado, e saí para caminhar. Antes de ir para as setas amarelas, estava preocupado com algumas pequenas coisas – se tomaria um banho quente na próxima parada, se o banheiro seria limpo ou não, se eu conseguiria dormir com muita gente no quarto e algumas outras questões que me deixavam cada vez mais longe do meu objetivo, pois, se pensasse demais, não faria o caminho.

Vamos refletir: alguns albergues possuem quartos para cem pessoas em média, e para cada cem havia cinco ou seis vasos sanitários ou duchas. A probabilidade de encontrarmos um banheiro "mais usado" seria alta, correto? Errado. Com muito respeito, todos usavam e mantinham os banheiros limpos e usáveis. Essa foi uma imensa prova do que comentamos no capítulo anterior. As preocupações muitas vezes são desnecessárias, e eu podia ter gastado energia e me preocupado com outras coisas, não com essas situações facilmente adaptáveis. Lição aprendida: as preocupações são apenas preocupações, e nós somos capazes de nos adaptar em qualquer situação, desde que o propósito esteja bem definido e que nosso interesse seja sólido.

Acordar antes do amanhecer e começar o dia caminhando é uma situação muito agradável e completamente fora da nossa zona de conforto, distante da rotina de cidade grande e da vida executiva. Escutar os pássaros no amanhecer e andar entre a natureza nos revigora e faz lembrar que somos parte integrante de tudo. Somos feitos de sentimentos, razões, experiências e expectativas, mas meu objetivo nessa caminhada era agradecer, e hoje agradeço ainda mais por ter tido pensamentos incríveis durante essa jornada.

O agradecimento é um propósito que sempre deve estar em nossa jornada, e todos os dias de nossa vida devemos nos perguntar o motivo principal de nossa caminhada. **Por que caminhamos e por que realizamos determinada atividade?** Eu deveria ter me perguntado por que estava preocupado com a questão do banheiro, já que esse fato não me levaria a lugar algum, além de sermos capazes de nos adaptarmos a quase tudo.

Nesse dia, enquanto caminhava e agradecia por ter tido uma ótima noite de sono e uma manhã em meio à natureza, me deparei com uma tenda de frutas sem vendedor. Havia apenas as frutas e um balde para deixarmos uma contribuição voluntária para quem mantinha as frutas naquele lugar. Não há um objetivo de lucro nessa ação, a não ser ajudar os peregrinos e usar o dinheiro para repor as frutas para o dia seguinte. Infelizmente, não tive a chance de conversar com o responsável pela tenda, mas pude encontrar outras pessoas ao longo do caminho cujo único objetivo era ajudar. Essas pessoas eram verdadeiros líderes. Líderes devem servir aos seus liderados de forma que facilitem seu dia a dia e suas atividades. Líderes devem ser facilitadores e valorizar as ideias, buscar as opiniões e ter bondade. **Uma liderança sem bondade não é uma liderança, mas uma hierarquia.**

Esse foi um dia cheio de propósito. Ao longo do caminho, tive a felicidade de entrar por uma porta semiaberta. O lugar parecia uma panificadora antiga e, para minha surpresa, era um forno comunitário usado pela Dona Maíza, uma confeiteira que assava seus biscoitos de leite. Ela me ofereceu um biscoito e não hesitei em aceitar. Estava maravilhoso e revivi uma época de mais de mil anos antes, quando as cozinhas das casas não tinham todos os recursos que temos hoje, como um forno. Não existia modernidade e somente as casas mais abastadas tinham um, porém se faziam muitas coisas, como pães. Os fornos eram comunitários, divididos nos feudos. Uma parcela do pão produzido era cedida em troca do uso do forno e isso era chamado de banalidade ou direito banal. Esse é um bom exemplo de conceito de divisão e cuidado com o que é compartilhado, mediante um pagamento, pois, se o forno deixasse de funcionar, um feudo inteiro ficaria sem. Nesse dia tive a chance de conversar e entender como eles administravam esse forno comunitário, e a resposta da Dona Maíza foi muito simples: "Para que todos possam usar, todos têm em primeiro lugar a bondade de ceder, depois a bondade de limpar o local para o próximo usar e, por fim, a bondade de dividir o que assou no forno". Não precisava de líder para agendar o uso do forno ou mesmo um aplicativo para coordenar isso. Bastava a bondade de todos de ceder para que a liderança desse forno ocorresse de forma natural e bondosa, sem nenhum tipo de intriga. Perguntei para ela, que estava perto de seus 70 anos, se já havia ocorrido algum tipo de desavença por conta do uso do forno, e ela me respondeu: "Nunca". Foi uma experiência incrível!

Após essa lição de liderança compartilhada, continuei a caminhada mais reflexivo, lembrando de quantas vezes não cedi a sala de reunião para alguém ou de quando não cedi cinco minutos do meu tempo para explicar um assunto ou mesmo ajudar algum colega. Eu me senti envergonhado, mas também lembrei daqueles que não queriam ser ajudados por ego, que não pediam para trocar o horário da sala de reunião, pois achavam que tinham o direito, e assim acontece no dia a dia de uma corporação. **A bondade deve ser um dos valores da organização.**

Em meio a essas reflexões, já quase chegando ao meu destino do dia, que era Logroño, encontrei Dona Felísa, uma senhora bondosa e muito simpática que carimba os passaportes dos peregrinos. Apenas para contextualizar, quem percorre o caminho de Santiago de Compostela e faz questão de ter o termo de finalização da caminhada, chamada Compostelana,[4] deve ter dois carimbos por dia durante a caminhada. Esse carimbo é concedido pelos estabelecimentos ao longo do caminho, como albergues, tendas, bares etc., e é feito em uma espécie de passaporte do caminho de Santiago. Alguns lugares existem apenas para bater o carimbo, caso da banca da Dona Felísa, que ficava em frente à sua casa. Era lá que ela batia os carimbos nos passaportes dos peregrinos. Quando lhe perguntei qual era seu propósito ao fazer aquilo, ela me respondeu: "Não sou eu que faço, mas os peregrinos que fazem por mim. Cada um que passa por aqui me conta uma história, me traz uma experiência e me faz ter propósito, estou a cada dia aprendendo". Eu achava que era bondade dela carimbar os passaportes e ela achava que era bondade dos peregrinos dividir suas histórias ímpares com ela. Podemos imaginar como funcionaria em uma empresa cuja troca fosse verdadeira? Os colaboradores, de um lado, agradecendo à empresa por existir, por assumir o risco, por

---

4. Em português, "compostela". A compostela é um documento outorgado pelas autoridades eclesiásticas, que certifica ter completado pelo menos 100 quilômetros a pé ou a cavalo (200 se em bicicleta) do caminho de Santiago. É emitida em Compostela a todos aqueles peregrinos que, mediante a credencial do caminho devidamente selada, demonstrem a sua passagem ordenada, por motivo religioso ou espiritual – ainda que seja no sentido de busca -, pelos diferentes enclaves de uma das rotas jacobeias (qualquer uma delas será válida). Aqueles que tenham completado o caminho por outros motivos (lúdicos, desportivos…) poderão solicitar ao chegar a Santiago uma outra certificação conhecida como o certificado do peregrino.

pagar o salário que possibilita colocar seu filho na escola, comprar uma casa, entre outras coisas, e, do outro lado, a empresa agradecendo aos colaboradores por ajudarem a executar as atividades do dia a dia para que ela possa crescer e obter mais resultados, como consequência de uma sinergia simbiótica entre todos.

Como estava em plena forma física, passaria direto por Logroño, mas decidi ficar na cidade, e foi uma das melhores decisões do caminho. Esse dia estava sendo muito especial e só tendia a melhorar. Estava quase chegando à cidade de Logroño quando encontrei uma frase em uma das pontes com os seguintes dizeres:

Por que caminhas?

Essa frase me intrigou. Por que fazemos o que fazemos o tempo todo? O que nos leva a fazer o que fazemos? O que nos proporciona motivação? Nesse momento da caminhada, tive uma resposta diferente. Encontrei Tony, um caminhante inglês que levava em suas costas um ursinho de pelúcia. Caminhei um pouco ao seu lado e ele sentiu a liberdade de me contar a história do urso. Ele o levava em homenagem à sua filha, Emma Welch, uma menina de 14 anos que passou por uma cirurgia e, devido a um erro médico, infelizmente faleceu. Ela dedicou os seus poucos anos de vida a fazer caminhadas carregando o seu *teddy bear* para fins filantrópicos. Ela organizava as caminhadas para arrecadar fundos para financiar tratamento e pesquisas para pessoas com tumor de cérebro. Emma foi um exemplo de vida e deixou muitos seguidores. Até aquele momento, o recorde de ursos de pelúcia reunidos no alto de uma montanha permanecia sendo dela, com 135 ursos carregados por alpinistas voluntários a fim de arrecadar fundos. Ela cedeu a vida para nos deixar uma história e um legado. Esse era o motivo da caminhada de Emma e também do seu pai. Tony decidiu prosseguir com a ideia da filha. Em um dos momentos ele me disse: "Ela está ainda mais viva dentro de mim e me lidera nestas caminhadas".

Logo após essa conversa com Tony, me perguntei: por que a maior parte das pessoas caminha? Cada um terá o seu próprio motivo e sua própria história, mas todos têm um ponto em comum: **ser feliz. Todos nós caminhamos para ser felizes, mas os motivos que nos tornam felizes são diferentes**. Em uma equipe, temos liderados com motivos diversos que os tornam felizes. Como o líder pode contribuir com isso e possibilitar uma troca?

Chegamos ao albergue de Logroño e ficou claro para mim que cada escolha equivale a uma renúncia. Isso é óbvio demais, mas em uma caminhada de quase 1.000 quilômetros tudo deve ser pensado e bem calculado. Nesse dia eu poderia ter caminhado mais, mas decidi ficar. Renunciei a alguns quilômetros adicionais, mas fui recompensado com valores, propósitos e um banquete regado a vinho e um belo *bouef bourguignon*.

Decidimos fazer um jantar comunitário e eu seria o cozinheiro. Amo cozinhar e sou formado como *chef* de cozinha. Falei isso para algumas pessoas e bastou essa informação para que eu fosse eleito o cozinheiro. Fomos até o mercado, compramos carne, temperos e vinho. Preparei um prato que, modéstia à parte, ficou bem gostoso. Aproximadamente dez pessoas jantaram ao redor de uma mesa comunitária e trocamos valores e propósitos de culturas e histórias de vida diferentes.

CAPÍTULO 11

Sétimo dia de caminhada

De Logroño até Nájera

> *Compartilhe seu conhecimento com quem tem sede de conhecimento e aproveite estar líder para servir.*

Eu já estava no sétimo dia de caminhada e ainda teria muito aprendizado pela frente. Nesse momento eu tinha alguns pensamentos que fizeram com que a viagem tivesse valido a pena, mas a cada passo ficava mais perto do meu objetivo e eu desejava mais conhecimento e aprendizado. Estava com "sede" de aprender, mas não para ficar com esse aprendizado somente para mim, e sim para poder compartilhar com outras pessoas. Claro que fiz essa caminhada e tirei aprendizados sempre com base no meu olhar de observador. Como já mencionei, cada um tem o seu próprio caminho e sua própria história, e os aprendizados que eu tive no caminho certamente serão muito diferentes dos de outras pessoas que o fizeram.

Nesse dia, caminhei com Javier durante boa parte do tempo. Ele era o meu amigo espanhol e um dos mais importantes arqueólogos do mundo. Estudava os povos antigos de Ur e Uruk e povos sumérios. Estava fazendo a caminhada de Santiago de Compostela, pois, apesar de ser espanhol, morara por muito tempo no exterior e nunca explorara o próprio país. Gostava muito da natureza e tinha uma definição de Deus; e, para senti-la na sua totalidade, decidiu que esse seria o momento certo da vida para realizar tal caminhada.

Conversamos sobre histórias antigas, como a de Adão e Eva, Noé, entre outras, mas a que mais me chamou atenção foi a Epopeia de Gilgamesh. Fora escrita pelos povos sumérios e contava a história de Gilgamesh, um rei sumério semilendário que tinha um irmão chamado Enkidu, que morava na floresta. Um dia eles se encontraram e decidiram guerrear e matar o monstro Humbaba, mesmo sabendo que isso irritaria os deuses. Os deuses, irritados, decidiram matar Enkidu. Gilgamesh se arrependeu profundamente e, ao ir atrás da imortalidade para seu irmão, encontrou Utnapishtim, o sobrevivente de um grande dilúvio que acabara com a humanidade. Utnapishtim contou a Gilgamesh que havia uma planta que crescia sob o mar e possibilitava a imortalidade. Gilgamesh, com grande dificuldade, conseguiu encontrar essa planta, mas em um momento de descuido uma serpente a roubou, daí a crença suméria de que as serpentes trocam a pele por serem imortais. Gilgamesh retornou a Uruk, sua terra, sem a planta.

Essa foi uma das histórias que ele me contou ao longo do caminho, que é cheio de contos antigos, novos, histórias de vida e aprendizados. O aprendizado tem exatamente duas finalidades: saber e ensinar. E a grande lição desse dia foi justamente sobre o aprendizado. Javier era um grande sábio que gostava de passar conhecimento. Posso dizer que aprendi muito com ele nesse dia, e ele diz que também aprendeu muito comigo, mas não acho que a equação tenha sido equilibrada. O aprendizado deveria ser concedido apenas para quem tem a bondade de repassá-lo. Se sabemos algo e guardamos conosco, esse aprendizado perde seu valor. Seria como saber cozinhar e não mostrar as habilidades ou não as colocar em prática, mas, com generosidade, não se trata apenas de cozinhar, mas também de ensinar sobre o prato. Assim os conhecimentos são transmitidos de geração em geração.

Dentro de nossas lideranças ainda existe o pensamento de não repassar os aprendizados e informações. Isso gera falta de transparência, prejudicial à organização e às equipes, ocasionando também falta de confiança mútua.

Javier e eu estávamos criando uma relação de amizade com intensas trocas de informações e conhecimentos, sem julgamentos e com muito interesse no que estava sendo passado.

Depois de algumas histórias, paramos para um café, mas logo retomamos o caminho e encontramos Viser, um músico que dedica a sua vida a cantar para os peregrinos. Ele vive em uma vila perto de Logroño e tem algumas canções com letras interessantes. Cantou duas canções que nos tiraram lágrimas. Uma delas falava sobre a história de um narrador que contava a sua vida para um amigo. A canção dizia: "Amigo, o tempo passa depressa, por isso o que espera para seguir o seu sonho?". Essa canção, além de ter uma bela melodia, nos fez refletir sobre nossa vida.

A segunda canção foi ainda mais emocionante. Falava sobre o caminho da vida. Era sobre um caminhante que tinha como objetivo caminhar e passar os seus conhecimentos para o máximo de pessoas possível. Ela dizia que, quando se caminha, não há destino, o caminho é o próprio destino. O destino do caminhante da canção era compartilhar conhecimento, sem julgar, e apenas por esse motivo continuava sua caminhada. E dizia ainda que o tempo e o espaço, o sentido e a verdade são os segredos da liberdade.

Ficamos um bom tempo conversando com Viser, que tinha boas histórias para nos contar e nos repassou muitos conhecimentos, além de citar uma frase de Antonio Machado: **"Não existe caminho. Caminha que irá encontrar o caminho"**. O importante é seguir em frente. A cada passo dado se tem um novo aprendizado, e transmitir esse aprendizado contribui para o crescimento da humanidade como um todo.

Esse dia passou muito rápido; percorremos 29 quilômetros como se estivéssemos fazendo uma pequena caminhada. Com o objetivo claro, tudo fica mais fácil.

Chegamos a Nájera, a cidade do gigante. Diz a lenda que próximo à cidade morava um gigante tirano descendente de Golias. Mulçumano vindo da Síria com muitos guerreiros, ele tinha uma força sobre-humana que equivalia a 20 homens. Carlos Magno, sabendo dessa história, foi até Nájera propor que o gigante lutasse com um homem. O gigante não temia nenhum homem, tamanha sua força. Dessa forma, topou o desafio e enfrentou muitos homens, até que o sobrinho de Carlos Magno, Rolando, vendo toda a matança e com a autorização do tio, decidiu enfrentar o gigante. Então se iniciou a batalha. A luta durou o dia todo e já no final ambos estavam cansados. Concordaram, então, em parar a luta e continuar no dia seguinte. Nesse período de trégua, ambos conversaram sobre cristianismo e assuntos de religiosidade, e foi quando o gigante assumiu para Rolando que o seu umbigo era seu ponto fraco. No dia seguinte a luta continuou e o gigante conseguiu acertar um golpe em Rolando, que o fez desmaiar. O gigante colocou-o em seu cavalo e o levava para o cárcere quando Rolando acordou e golpeou o gigante em seu umbigo, levando-o à morte. Essa história tem várias versões, mas uma delas está representada no Palácio dos Reis da Navarra.

Chegamos ao albergue, como de costume, tomamos banho, jantamos e depois ficamos tomando vinho e conversando, até que nos deparamos com um movimento dentro do albergue. Era um fisioterapeuta que já havia feito o caminho de Santiago mais de dez vezes e tinha como objetivo, cada vez que tornava a fazê-lo, ajudar o maior número de peregrinos possível com situações que são recorrentes, como as famosas bolhas, dores nas costas e tendinites (ou canelites). Ele curava as bolhas dos peregrinos com agulha e linha e também ajustava a mochila de todos para evitar o desbalanceamento durante os longos quilômetros percorridos. Todos os dias ele cedia seu horário de descanso para repassar seu conhecimento aos peregrinos. Era uma pessoa que motivava até mesmo os que estavam com os pés em carne viva a continuar a caminhada, pois passava a segurança de que havia alguém olhando por eles e que estava presente apenas para servi-los. Isso motiva qualquer ser humano em qualquer situação. **Apenas esteja ali transmitindo os seus conhecimentos e pronto para servir.**

CAPÍTULO 12

Oitavo dia de caminhada

De Nájera até Santo Domingo de La Calzada

> *Existe valor e existe preço. Tenha valor.*

Após uma noite de muitos aprendizados sobre caminhada, fisioterapia, como ajustar uma mochila e como cuidar de bolhas nos pés, acordamos revigorados e motivados para seguir o caminho. As mochilas possuem várias tiras de ajuste e formas de regular. Podemos deixá-las mais altas, mais baixas, presas no peito, entre outras modernidades. Nesse momento, me passava pela cabeça como seria caminhar os mesmos 1.000 quilômetros nos séculos X ou XI, quando não havia mochila e muito menos as botas especiais de hoje em dia. Naquele tempo as pessoas usavam sandália de couro e carregavam uma trouxa de roupa que provavelmente não segurava o frio que faz nessa região, e mesmo assim muitos percorriam esse caminho com o propósito de levar bondade.

Nosso objetivo hoje era caminhar até Santo Domingo de La Calzada, um lugar que também tem suas lendas. Esse vilarejo, que no século XI era apenas um bosque, nasceu com Domingo Garcia, que se instalou no local com o objetivo de ajudar os peregrinos que desejavam chegar a Santiago. Ele foi responsável pelo desenvolvimento dessa pequena cidade, levantou um hospital para peregrinos, um templo para acolhimento espiritual, e restaurou as calçadas romanas, origem do nome da cidade de aproximadamente 6.400 habitantes. Santo Domingo dedicou sua vida aos peregrinos e morreu em 1109, com 90 anos. Seus restos mortais estão na catedral da cidade, que contém também um galinheiro. A lenda conta que um casal alemão e seu filho resolveram parar na cidade e pousar na casa de um morador. A filha do dono da casa se apaixonou pelo filho do casal, que estava apenas de passagem, e não foi correspondida. Com raiva, a garota simulou um furto e colocou um cálice de prata na mochila do filho do casal, acusando-o de roubo. Ele foi preso e condenado ao enforcamento. O casal, sem alternativas, continuou a caminhada até Santiago. Na volta, decidiu passar pela cidadela de Santo Domingo de La Calzada novamente para ver onde o filho fora enforcado. Chegando à cidade, o casal ouviu uma voz dizer que seu filho estava vivo e que os dois poderiam parar de chorar. Essa notícia chegou ao juiz, que estava almoçando um delicioso frango e, de forma cínica, comentou que o rapaz estava tão vivo quanto o galo e a galinha que estavam assados no prato que ele comia. Nesse momento, as aves ganharam vida e saíram voando da mesa. Então o juiz libertou o rapaz, e o galo e a galinha foram levados para a igreja, e lá estão até os dias de hoje como prova do milagre. Essa mesma história pode ser vista também em Portugal, mais precisamente em Barcelos, onde há a lenda do galo de Barcelos, aquele que muitos compram em forma de souvenir quando viajam para Portugal.

Confesso que estava ansioso para ver essa lenda ao vivo. Caminhei com tanta ansiedade para chegar ao destino que acabei me perdendo. A lenda me chamou a atenção, mas eu precisava lembrar que a ansiedade não me levaria a nenhum destino se eu não a controlasse. Voltei a ter foco na caminhada, pois Santo Domingo de La Calzada seria apenas a consequência de caminhar com foco por mais um dia.

Durante a nossa caminhada, encontrei um vendedor ambulante. Em sua tenda, a negociação era a seguinte: se come e bebe o que quiser e se paga quanto quiser e puder, se puder. Não havia um preço e, dessa forma, ele ganhava mais que o mercado local, que colocava preço nos produtos. Como ele não colocava preço, todos achavam esse ato de honestidade honroso e, por isso, o recompensavam com um valor adicional. **Ele não tinha apenas preço, tinha valor.**

Nesse momento pensei nas inúmeras ocasiões em que discuti com a área comercial das empresas onde trabalhei, visando aumentar preço, e elas simplesmente não conseguiam executar os aumentos. Seria por que não eram capazes de demonstrar o valor para os clientes? Será que a empresa como um todo tinha o real valor do seu produto ou era um simples posicionamento de preço? Os líderes de hoje em dia têm preços ou valores? E os produtos?

Segui a caminhada por longas retas e, a considerar o cenário, percebi que estava em Las Mesetas. Trata-se de uma área do caminho cercada por plantações baixas, como as de cenoura. Cheguei a caminhar 17 quilômetros sem avistar nem mesmo uma torneira com água. Só via o horizonte.

Depois do aprendizado da ansiedade, que fez com que eu me perdesse no caminho, e da diferença entre valor e preço, cheguei a Santo Domingo de La Calzada.

Jantei com Javier novamente, e falamos sobre a internacionalidade do caminho de Santiago, visto que é um lugar em que estive com o maior número de nacionalidades abertas para dialogar sobre todos os tipos de assuntos possíveis. Se eu não estiver enganado, conversei com pessoas de mais de 26 nacionalidades diferentes. Um ganho cultural sem tamanho. Após jantarmos, tivemos uma bela serenata concedida por alguns músicos espanhóis que tocavam flamenco e música da cultura andaluza, preparamos nossos sanduíches para o dia seguinte e fui dormir.

CAPÍTULO 13

Nono dia de caminhada

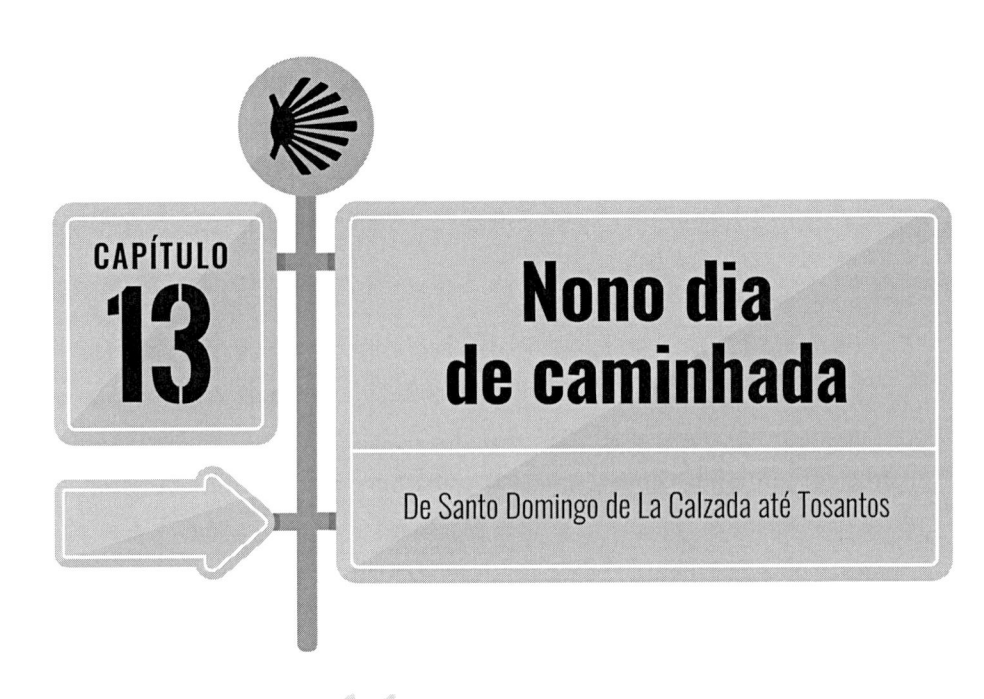

De Santo Domingo de La Calzada até Tosantos

> *O simples é mais difícil e a simplicidade é complexa, mas tem mais valor.*

Já estávamos na região de Rioja, conhecida por seus vinhos e *pintxos*. Tomei café e segui meu caminho para andar 27 quilômetros nesse dia. Como em quase todos os dias, ainda estava escuro quando saí. A sinalização do caminho de Santiago na província de Rioja não é das melhores. Fui um dos primeiros a levantar e sair do albergue para a caminhada. Estava no começo do dia quando me deparei com uma encruzilhada. Olhei com detalhes para todos os lados e não encontrei a seta amarela que guiava os caminhos até Santiago. Procurei por mais de cinco minutos e não a encontrei. Precisava seguir por um dos caminhos, então decidi pelo da direita. Não tenho nenhuma superstição, mas me pareceu, visualmente falando, o mais correto. Assim que dei o primeiro passo após a encruzilhada, tive a sensação de que não tinha tomado a decisão mais acertada. Foi uma das intuições mais fortes que senti ao longo da minha vida, e uma das mais simples.

Confesso que fiquei anestesiado pelas técnicas e posturas do mundo corporativo de multinacionais, do qual fui executivo por 20 anos. Dificilmente ouvia a minha intuição e o meu *gut feeling*, mas nesse momento eu tive certeza de que o sentimento existia. Dei o primeiro passo para entrar no caminho à direita e de imediato tive a sensação de estar errado. Senti, mas não acreditei. Andei por aproximadamente 3 quilômetros, algo em torno de 40 minutos, quando apareceu uma pessoa e me disse que eu estava errado. Andei quase 40 minutos com esse sentimento intuitivo de que estava errado me corroendo, mas ainda assim decidi avançar. Decidi teimar sem ouvir a voz da intuição. Não queria acreditar que estava errado.

Depois de encontrar um morador local que me disse que eu estava no caminho errado, decidi ouvir a voz da razão, até porque a intuição já tinha me dito e não acreditei nela. Voltei os 3 quilômetros que tinha caminhado em 40 minutos e cheguei ao ponto da encruzilhada em que havia me perdido. Olhei para o ponto mais óbvio em que poderia estar a seta amarela e lá estava ela, em boa sinalização, demonstrando o caminho correto. Nesse momento fiquei estático e pensei comigo mesmo: "Este foi o primeiro lugar que olhei e a seta não estava lá". Obviamente estava, mas não fui capaz de enxergar porque possivelmente meu cérebro não quis vê-la ou porque tinha de passar por esse aprendizado, mas o que os olhos não viram o coração avisou. A intuição foi muito forte, mas ainda assim não dei ouvidos a ela. Foi preciso que um morador local aparecesse para me avisar sobre o erro cometido, e só então me dei conta do erro e decidi acreditar em minha intuição.

No mundo da liderança ou de tomadas de decisões, nem sempre temos todas as informações necessárias, mas sempre dispomos de uma ferramenta poderosa, chamada intuição. Poucos líderes no mundo usam esse sentimento, até porque há muitos livros de diferentes técnicas sendo vendidos, mas poucos são os que falam da intuição do líder. **Para uma tomada de decisão, é preciso colocar em prática**

todas as técnicas financeiras e estratégicas, mas no final é necessário ouvir a voz da intuição. A liderança por si só é uma atividade individual (solitária?), pois, como dito anteriormente, cada ser humano tem o seu estilo e suas próprias experiências, que direcionam os pensamentos e as tomadas de decisão. Cada ser humano tem a sua própria intuição, e ela é a voz mais forte que temos. Muitas vezes, desejamos acreditar apenas no que vemos com nossos próprios olhos ou no que escutamos com os ouvidos, mas esses são apenas dois dos cinco sentidos de que o ser humano dispõe. É preciso ouvir também a voz interna. Algumas vezes, devemos deixar as ferramentas de lado e escutar o que diz a intuição.

Lembro-me de uma situação, em uma empresa na qual trabalhei, sobre a redução do tamanho do pote de creme de avelã e seu respectivo estudo de elasticidade de preço. Todas as técnicas aplicadas mostravam que, se houvesse redução do pote de 180 para 150 gramas, haveria uma redução na venda do produto, pois o estudo de elasticidade mostrava isso. O gerente de marketing do produto argumentou sob todos os ângulos essa redução nas vendas e a agência que preparou o estudo reforçou suas argumentações, mas o presidente da empresa, na ocasião, tinha uma intuição diferente dos estudos técnicos. Decidiu, então, reduzir o tamanho do pote do produto e manter o preço. Como resultado, as vendas se mantiveram e a margem do produto aumentou em quase 20%. São decisões tomadas com base na intuição, mas é preciso preparo e atenção para escutá-la. Um líder jamais pode deixar de ouvi-la.

Depois de mais uma lição aprendida, prossegui com a caminhada. O dia se iniciou com esse percurso adicional porque não escutei uma voz tão simples, a intuição, mas fui presenteado com um nascer do sol dos mais bonitos que já vi, e a lua também estava no céu, clara e linda, acompanhando o sol. Foi uma cena simples e de tocar a alma. Ambos presentes da natureza.

Caminhei nesse dia por mais de 30 quilômetros e estava me aproximando do meu destino, a cidade de Belorado. Lá chegando, decidi não me hospedar e caminhar mais um pouco até Tosantos, pois, apesar de ter me perdido, ainda estava em boas condições físicas. Cheguei a Tosantos e fui para o albergue paroquial da cidade. Uma casa antiga, toda feita de madeira, de forma irregular, que era um hospital para peregrinos. No piso térreo havia uma pequena sala com recepção, uma cozinha onde era preparada a comida e o quarto do anfitrião. O andar de cima abrigava um quarto amplo com tatames no chão colados um no outro, local em que dormimos, e dois banheiros com chuveiro, sendo um feminino e um masculino, e, por fim, no sótão da casa, havia um pequeno altar extremamente simples, que foi onde fizemos nossa oração do dia.

O responsável voluntário pelo hospital de peregrinos de Tosantos era uma pessoa chamada Santi. Sua vida era dedicada a cuidar dos peregrinos e ele respondia por toda a administração do albergue. Coordenava a recepção, o jantar, a hospedagem e a própria oração do dia. Era uma pessoa que doava a própria vida em prol desse propósito.

O lugar me chamou atenção pela complexidade e, ao mesmo tempo, pela simplicidade. Se fosse em nosso país, provavelmente esse local não existiria, pois não havia extintores, saídas de emergência, *sprinklers*, alvará de funcionamento, vigilância sanitária, entre outros requisitos essenciais. Seria uma pena perder a oportunidade de viver momentos tão especiais. Após a forte intuição do início do dia, tive uma enorme sensação de acolhimento naquele ambiente, que existe para servir os peregrinos desde a sua construção. Senti uma imensa segurança num lugar tão simples, com um chuveiro para tomar banho, um tatame para deitar e um altar simplório para elevar meus pensamentos para tudo aquilo que acredito ser uma força maior.

Muitas vezes tudo o que precisamos está dentro de nós. Não necessitamos de tantas coisas, a não ser que envolva o ego. A simplicidade nos gera valores. **Quando estamos em uma relação que vai além da necessidade, que muitas vezes envolve ego, complicamos o cenário, e, nesse caso, boa parte das vezes deixamos de lado nossos valores simples (compaixão, empatia e bondade) e ativa-**

mos os complexos (ego, imagem, ambição, entre outros) para vencer a batalha. Com isso, gastamos mais tempo e energia descomplicando o que podia ser simples do que focando na solução do problema, que muitas vezes está dentro de nós.

Na entrada do albergue paroquial havia os seguintes dizeres:

Si juzgas a la gente, no tiene tempo para amarla.[5]

Depois de andar mais de 30 quilômetros, eu só precisava de um banho. Já de banho tomado, desci para ajudar a preparar o jantar como voluntário. Jantar pronto, caminhamos até uma capela que era incrustada na montanha, para conhecer Tosantos. Tomamos uma cerveja no único bar que existia no local e voltamos para jantar. Tínhamos massa com legumes, muito bem-feita e deliciosa. Tudo o que é necessário em um momento de fome. Claro que, antes de jantarmos, fizemos uma pequena prece agradecendo pela refeição e por mais um dia. Já tive a oportunidade de comer em grandes restaurantes com estrelas Michelin, mas cada ocasião proporciona suas experiências e aprendizados. Cada um tem o seu valor, ou seria seu preço? Sinto mais apreço pela experiência que vivi nesse albergue paroquial.

Jantamos todos em uma mesa comunitária, ajudamos a lavar a louça e seguimos para a capela do sótão da casa para poder agradecer e elevar os pensamentos. Fizemos um pedido pela saúde dos peregrinos, cada um na sua língua, oramos para agradecer por essa força maior que nos proporcionou experiências e aprendizados e meditamos por dois minutos, com o objetivo de internalizar o que estávamos vivendo.

Como lição do dia, aprendi que, se tivesse escutado a minha intuição, não teria me perdido. As coisas simples são as que têm mais valor.

---

5. "Se julga as pessoas, não tem tempo para amá-las." [Tradução minha.]

A preparação. Mochila com a qual passei mais de 30 dias.

Rua principal de Saint-Jean-Pied-de-Port.

O avô coreano com o seu neto.

Da esquerda para a direita: Álvaro, Pepe, Jorge e eu.

Placas indicativas do caminho de Santiago e uma placa em memória de um peregrino brasileiro que perdeu a vida nos Pirineus.

Fonte de vinho da adega e vinícola Irache 2.

Carrinho de frutas com água e o pagamento através de doações.

Dona Maiza e a utilização do forno compartilhado.

Cenário de las mesetas, com longas retas e longos percursos em meio a plantações.

Tonny Welch e sua mochila com o urso represnentando as caminhadas de sua filha Emma Welch.

Confraternização de peregrinos após o jantar, sempre regado a vinho.

Cenário da caminhada por Navarra: muitas plantações e horizonte a perder de vista.

Capela do Albergue de Tosantos, onde elevamos nossos pensamentos para os peregrinos e pedimos proteção a eles.

Eu e Javier nos divertindo enquanto atravessamos uma ponte mais moderna no meio da nossa caminhada.

Placa indicativa do hospital da alma, e sua respectiva regra.

Amanhecer do dia durante a caminhada e nosso amigo Javier peregrinando.

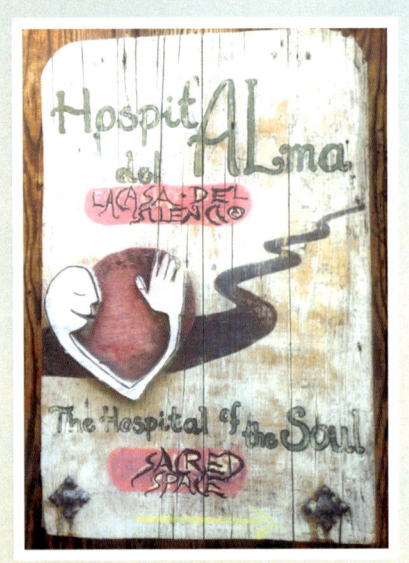

Irmã Ana Maria, hoster do albergue beneditina de Carbajala, de Léon.

O dia em que o pente virou supérfluo. Leve em sua mochila da vida apenas o útil e o necessário.

Abraço de agradecimento ao David, presidente da casa de Dioses.

Agricultores trabalhando nas parreiras.

Albergue municipal de Foncebadón, o vilarejo de oito habitantes.

Descansando no albergue após longo dia de caminhada.

Cruz de ferro e as pedras carregadas por peregrinos empilhadas há milhares de anos.

A loja do vendedor de cajados, ou *walking sticks*.

Início da caminhada na região da Galícia, onde Santiago fundou a sua igreja.

Josué e sua tenda de alimentos montada em sua residência para atender os peregrinos.

Ponto de entrada da cidade de Santiago de Compostela.

Igreja Santa Maria de la Barca, em Muxia. Última cidade antes do fim da caminhada.

Chegada à praça da catedral de Santiago de Compostela.

Chegada ao marco zero do caminho de Santiago.

Objetivo alcançado.

Admirando o pôr do sol em Finisterra.

CAPÍTULO 14.

Décimo dia de caminhada

De Tosantos até Agés

> *A religião liga crenças, culturas e objetivos comuns, assim como missão, visão e principalmente valores.*

Este foi um dos únicos dias em que não saí antes de amanhecer. Não podíamos deixar o albergue antes das 7h15, ou perderíamos o café. Assim, acordei um pouco mais tarde, tomei café com todos, conversamos um pouco e saí para caminhar com Javier.

Esse trajeto de Tosantos até Agés é marcado pelas belas paisagens e bosques. Caminhamos por bosques belíssimos, e Javier era um profundo conhecedor de histórias interessantes. Falamos sobre religião, histórias dos deuses e de Noah, Deus da água. Lembram-se da Epopeia de Gilgamesh? Noah foi inspirado nessa história. Era o Utnapishtim. Segundo a lenda suméria, ele foi encarregado de abandonar todas as suas posses e criar um grande barco chamado *O preservador da vida*. Tinha a responsabilidade de levar sua esposa e familiares para dentro desse barco, junto com alimentos e filhotes de animais. Assim como

Noah, o Utnapishtim também foi parar em um monte, o monte Nisir. A história acaba se repetindo como a de Noah, que envia a pomba e ela volta sem nada em seu bico, mas, quando envia um corvo, ele não retorna, sinal de que havia lugar para pousar.

Falamos sobre o sentido da palavra "religião" e o que a diferenciava da espiritualidade. A palavra "religião" vem do latim *religio*, que significa religar. A religião, no sentido da palavra, pode ser utilizada para definir um conjunto de crenças e visões que têm como objetivo ligar o homem à espiritualidade, porém, além do cristianismo, do hinduísmo, do islamismo, existem diversas outras religiões que se separam por diferentes crenças. Já a espiritualidade busca o mesmo objetivo. Todas as religiões têm um propósito em comum, que é a evolução espiritual, mas, devido a crenças e culturas, separam os seres humanos, mesmo tendo o mesmo propósito. Fazendo uma analogia com o mundo corporativo, o que poderia ser chamado de religião dentro das empresas, ou mesmo dentro de qualquer ambiente que necessite de uma liderança? Podemos assumir que os valores das organizações podem ser o elo da empresa com seus colaboradores? Os valores de um líder e os valores de seus liderados podem ser esses elos? A religião presente no caminho de Santiago de Compostela é uma crença de que podemos buscar o nosso melhor. Pelo menos essa foi a espiritualidade que me ligou a Javier como parceiro no caminho e me fez dividir grande parte da minha experiência com ele. Viramos uma religião, pois fomos ligados pelas mesmas crenças e valores.

Entendo que a harmonia de valores está bastante ausente no mundo atual. Hoje em dia é muito difícil apontarmos um líder que admiramos e no qual nos inspiramos. Os valores estão superficiais e, muitas vezes, não são transparentes. As empresas estão sempre com pensamento de curto prazo e cada vez mais em busca de lucro, esquecendo que uma guerra se conquista com pequenas batalhas, sendo necessários soldados para guerrear. Com frequência, trabalhamos em grandes empresas que nem mesmo têm valores estabelecidos de forma transparente. **Se não há nada que ligue os colaboradores a um bem comum, não há uma religião para um objetivo único.**

Trabalhei em uma grande multinacional farmacêutica. Talvez a maior do mundo. Fiquei assustado quando entrei em uma reunião para definição da missão, visão e valores dessa indústria de grande porte, presente em mais de cem países. Por incrível que pareça, ela ainda não tinha definido sua missão no Brasil, ainda não tinha seus valores, e, pelo que sei, não os tem até hoje. Ao discutirmos a missão da empresa, com minha intuição já aflorada, percebi que ela não se alinhava aos meus valores. Eu prezo por simplicidade, ajuda mútua e generosidade; já os valores da empresa mostravam-se extremamente arrogantes e em busca apenas de lucro e resultado. A empresa sequer tinha um bom planejamento estratégico, como poderia ter um bom processo e, consequentemente, um bom resultado? Esse foi um dos momentos em que faltou religião entre os meus valores e os valores da empresa. Esse tipo de informação deveria ser discutido na entrevista, pois o custo de uma contratação desalinhada é muito alto.

Após essa reflexão sobre religião, conversamos sobre a origem da Bíblia, da linguagem, como foram inventadas as palavras pelos sumérios, a origem das transações comerciais, da gastronomia e diversos assuntos interessantes, sem esquecer a lição sobre simplicidade que tivemos no dia anterior. O caminho de Santiago é muito rico em cultura e conversas sobre temas diversos. Saímos completamente dos assuntos corriqueiros do cotidiano.

Esse foi um dia de muito aprendizado, e vários deles me servirão, inclusive, para outras obras. O termo "religião" e as crenças que unem a humanidade me chamaram atenção.

Em um dos momentos do dia, Javier me pediu para cuidar de uma imensa bolha que estava em seu pé. Paramos, esterilizei a agulha e furei a bola imensa que o fazia mancar. Chegamos a Agés e a bolha tinha sumido. Furar bolhas não é aconselhável, mas em uma jornada de 30 dias seguidos, caminhando mais de 30 quilômetros por dia, não há alternativa senão essa.

Chegamos ao nosso destino, Agés. Tomamos uma cerveja, encontramos alguns colegas com quem cruzamos ao longo do caminho, comemos *paella* em uma mesa comunitária com pessoas de pelo menos dez nacionalidades diferentes, fiz uma massagem em um peregrino que estava com dores na lombar, tomamos um café e fomos deitar para nos prepararmos para o próximo dia.

De fato, a felicidade está nas coisas simples e em como essas coisas nos ligam a prazeres únicos.

CAPÍTULO 15

Décimo primeiro dia de caminhada

De Agés até Burgos

> *Sem liderança com valores, generosidade e servidão, temos uma grande aceleração para a regressão.*

Javier, Franzi, Helen, uma dinamarquesa que havíamos conhecido no caminho, e eu saímos para caminhar. Durante essa jornada encontramos muitas pessoas, e é bem comum caminharmos alguns dias com pessoas diferentes. No caminho de Santiago, só fica sozinho quem quiser. Estava um frio demasiado nessa manhã e Franzi estava com as mãos congelando. Já tinha aprendido até ali que a generosidade era parte do nosso caminhar, então cedi minhas luvas para ela e caminhei com as mãos dentro da jaqueta.

O fato de ter cedido as minhas luvas me deixou com as mãos duras de tanto frio, pois a jaqueta era apenas um corta-vento e não aquecia. Assim, iniciei o dia com uma bela lição: **aprender a dizer "não" quando ferir seus valores; caso contrário, se não te deixar mais longe do objetivo, pratique a generosidade.**

Muitas vezes pensamos que dizer "não" pode gerar desapontamento e, por isso, dizemos "sim", mas o fato de negarmos um "não" pode ser altamente prejudicial para nós mesmos. Com a ausência de uma liderança generosa e que pratique compaixão, muitas vezes as demandas dentro das organizações são infinitas, assim como demandas governamentais, com pedidos egoístas e que atendem apenas a uma ansiedade do solicitante. Muitas demandas não nos deixam mais perto de nosso objetivo principal e podem ser um desperdício de tempo, mas ainda assim são externalizadas sem o mínimo de compaixão. Como já comentado neste livro, modifiquei inúmeras vezes as cores de apresentação de PowerPoint porque meu superior imediato não gostava de azul. Nesse momento sentimos medo, vergonha ou receio de dizer "não" para uma atividade que não nos levará a lugar algum.

Entendo que, quando ocorre uma situação como essa, negamos a nossa própria opinião, nossos valores, e isso nos deixa mais longe de nossos objetivos pessoais. Há uma dupla responsabilidade nessa situação, sendo 50% de responsabilidade do demandante e 50% do executor. Para evitarmos uma situação de desgaste máximo e rompimento da relação, devemos aceitar, primeiramente, a nossa própria opinião e dizer "não" sem medo. Assim não negaremos nossa opinião e valores.

Nesse dia aprendi que eu deveria ter dito "não", pois estava com as mãos congelando, mas resolvi ceder minhas luvas e seguir caminhando. Algumas vezes, sobretudo quando vai ao encontro de nossos valores, certamente um "não" é essencial, mas existem certas situações que, de início, podem parecer que vão contra, mas apenas nos confunde. O simples ato de emprestar as luvas me fez refletir. Naquele momento, eu estava com as mãos congelando, mas sabia que logo me aqueceria, e em breve o sol apareceria para esquentar um pouco o dia. Sabia que um "não" seria mais confortável naquele momento, e de fato queria ter negado as luvas a ela, mas eu tinha uma jaqueta com bolso que poderia dar abrigo às minhas mãos, enquanto Franzi não tinha nada. Ao longo do caminho de Santiago, o egoísmo vai se exaurindo e aprendemos a compartilhar tudo o que temos, o tempo todo. O mais interessante é que as outras pessoas compartilham tudo conosco também. É uma troca contínua de generosidades. Escolher os "nãos" é essencial, e deixar o egoísmo de lado ajuda muito as nossas decisões.

Logo o sol nasceu e segui o meu caminho sozinho. Esse dia passou bem rápido e, sem muito esforço, cheguei a Burgos. Fui direto para o albergue municipal, tomei banho, lavei roupa e saí para comer. A rotina do caminho de Santiago já fazia parte de mim. Ela e eu éramos uma coisa só. Quando criamos hábito e rotina, incorporamos a atividade e a executamos sem pensar. Isso nos proporciona mais tempo para que tenhamos outros pensamentos e raciocínios. **O segredo é fazer com que as execuções do dia a dia sejam parte da rotina.** Caminhei nesse dia sem nem mesmo pensar nos passos, apenas sabia que, a cada passo dado, eu chegava mais perto de Santiago, e essa já era minha rotina sem procrastinação. Cumprir com os objetivos diários pode ser uma boa rotina a ser criada.

Em Burgos, Javier, Helen e eu seguimos para conhecer a catedral. Esperamos até as 16 horas, quando a entrada é gratuita. Quando estamos focados, nossa mente se abre para captar as informações que nos levarão para mais perto de nosso objetivo. Caso contrário, teremos apenas as defesas naturais explicadas pela psicologia. Nosso cérebro é feito para nos defender. Analisando a situação sob essa ótica, faço essa caminhada para agradecer e pensar sobre minha trajetória até este momento. Não sou atento às escritas, ainda mais quando se faz uma viagem tão rica em troca de experiências, mas uma me chamou atenção dentro da igreja de Burgos:

> *Tú ya llegaste. Por lo tanto, siente el placer en cada paso y no te preocupes con las cosas que todavía tienes que superar. No tenemos nada delante de nosotros, apenas un camino para ser recorrido a cada momento con alegría.*[6]

Essa frase me fez lembrar das minhas origens, dos caminhos que percorri até aquele momento e do que eu ainda tinha para percorrer. Ela me fez pensar nos momentos de felicidade e alegria e em como essa viagem estava me fazendo mudar de opinião a respeito de muitas preocupações que eu tinha. Valeu a entrada na igreja.

Após visitarmos a catedral de Burgos, seguimos para o museu da cidade, no qual havia uma exposição sobre a evolução da humanidade. Na volta para o albergue, paramos para tomar um vinho e refletir um pouco sobre a caminhada de Santiago. Conversamos com profundidade e com um olhar filosófico sobre a história do mundo, o cristianismo, a invasão dos mouros na Europa e a exposição da evolução da humanidade. Essa conversa nos gerou muitas reflexões.

Será mesmo que a humanidade está evoluindo? Há 2 mil anos, o Coliseu de Roma era palco de gladiadores e mortes para que os cidadãos pudessem se divertir, mas com certeza o conhecimento e a difusão de informações eram diferentes do que temos atualmente. Hoje em dia, com muito mais informação e conhecimento, apreciamos vídeos trocados em grupos de WhatsApp de violência que acontece em nosso dia a dia, ou seja, dispomos de arenas de luta livre ou alguma outra modalidade de gladiadores, divertindo um público que paga para assistir a essa violência. Antigamente, os livros e as livrarias eram sinônimo de conhecimento; hoje em dia, a maioria está em recuperação judicial.

Os valores da humanidade estão mudando, junto ao que chamamos de evolução, e isso nos leva à seguinte questão: estamos avançando em alguns assuntos, como medicina e tecnologia, e regredindo em

---

6. "Você já chegou. Portanto, sinta o prazer em cada passo e não se preocupe com as coisas que entretanto precisa superar. Não temos nada diante de nós, apenas um caminho para ser recorrido a cada momento com alegria." [Tradução minha.]

aspectos muito importantes para a nossa preservação física e psicológica, como generosidade, valores éticos, compaixão e bondade. Regredindo se compararmos ao que poderíamos ser com acesso a informação, tecnologia e uma história de mundo que oferece tantas lições e aprendizados. Os nossos antepassados aprendiam muito até chegarmos ao que sabemos hoje, mas quanto estamos aprendendo no que diz respeito ao ser humano? O grande avanço do capitalismo fez e continua fazendo com que as grandes corporações pensem em lucro como meta primária e percorram o caminho que for necessário para chegar aos números, enquanto deveria ser o contrário, deveriam percorrer o caminho necessário para que o lucro seja uma consequência. Lembro-me dos meus dias como diretor financeiro em uma instituição de ensino que tinha como propósito maior ensinar, porém a sua meta principal para os cinco anos seguintes, que chamávamos de *long range plan* (LRP), aumentar seu Ebitda em 4 pontos percentuais e obter crescimento de faturamento de dois dígitos. Deveria ser o contrário? Ensinar o máximo de alunos com qualidade, seriedade, ética e contribuir para uma melhor educação, e o lucro seria consequência de uma boa execução do propósito.

Devemos entender que não passamos de parte integrante do todo e que nada nos faz superiores. Somos apenas diferentes. Após essas longas discussões sobre a evolução da humanidade, Helen nos disse que estava com fome, então fomos procurar um lugar para comer. Evoluímos em muitas frentes, mas continuamos sentindo as mesmas necessidades que há 30 mil anos. Continuamos seres humanos e isso nunca irá mudar. Precisamos ter nossa humanização preservada, mesmo com todos os aspectos modernos de hoje em dia. Comemos e voltamos para o albergue para nos prepararmos para mais um dia de caminhada, como humanos iguais aos que viveram há 20 mil anos.

CAPÍTULO 16

Décimo segundo dia de caminhada

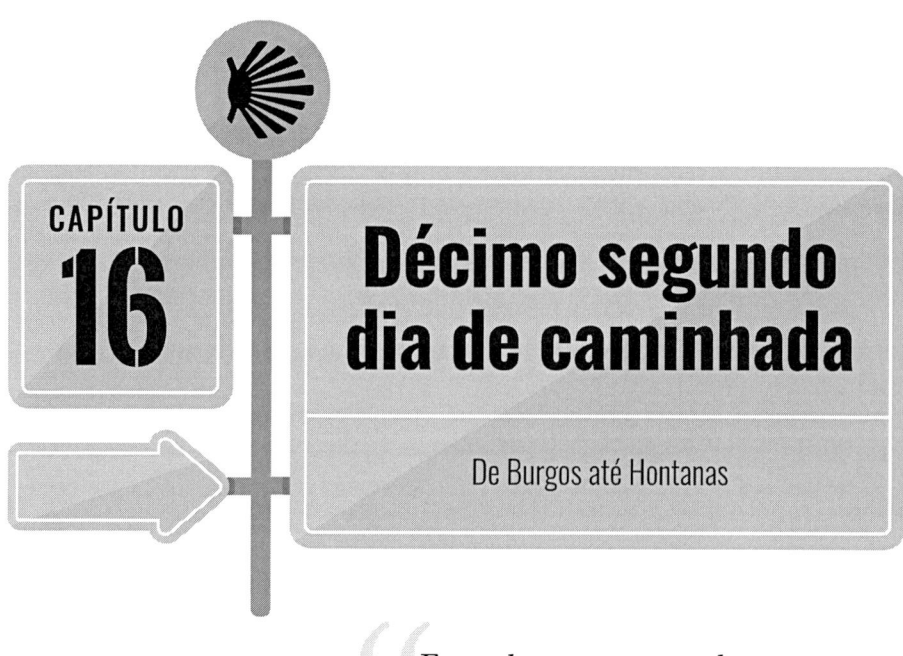

De Burgos até Hontanas

> *Entenda o seu eu completo e siga com ele na sua plenitude.*

Este foi um dia marcante em minha vida. Talvez um dos mais importantes e que me levou à reflexão. Acordei muito cedo para caminhar sozinho. Lembrei-me de um livro chamado *A filosofia de caminhar*, que conta a história dos grandes líderes do mundo, que caminhavam para ter ideias. Existem os aspectos físicos referentes à prática de esportes, como liberação de endorfina, oxigenação do cérebro, entre outros benefícios já comprovados por vários estudiosos do assunto, mas falo aqui de caminhar em meio à natureza com a mente aberta para novos aprendizados, entendendo que somos parte integrante de um todo, o que torna essa caminhada ainda mais especial. Abrimos um canal de comunicação com o nosso eu interior e acessamos informações preciosas para o nosso desenvolvimento.

Tive a sensação de pertencer ao todo e refleti muito sobre preocupações que havia tido e que não faziam mais sentido. A caminhada era igual à nossa vida, e eu deveria apenas caminhar com alegria todos os dias, sem procrastinar, pois cada minuto de procrastinação me deixava mais longe do objetivo final. Comemorar cada dia percorrido, pois cada batalha vencida me deixava mais perto de Santiago. Agradecer por ter condições de estar naquele lugar naquele momento, e a consciência de saber que tudo que eu havia passado até ali e tudo o que passaria em minha vida seria consequência de minhas próprias escolhas. Somos responsáveis por tudo o que vivemos. Eu estava caminhando e tinha comigo o meu corpo, matéria e morada da minha mente e da minha alma. O corpo é um instrumento emprestado para essa vivência e devemos cuidar dele, pois nos foi cedido gratuitamente para vivermos a experiência terrena.

Além do meu corpo, também tinha a minha mochila e a minha mente. Costumo fazer um paralelo entre elas. Escolhemos o que colocar dentro da mochila. Se eu colocar remédios para minha insegurança no caso de ficar doente, roupas em excesso para suprir meu desejo de usar algo diferente, opções de tênis, comida para o caso de não encontrar nenhum local para comer, além de outros itens para suprir minhas vontades e inseguranças, a mochila ficará tão pesada que provavelmente não conseguirei carregá-la ou terei de fazer um esforço imenso. As vontades e inseguranças são infinitas. Mas, se eu colocar dentro da minha mochila apenas o que me é necessário para caminhar até Santiago e deixar de lado minhas inseguranças e necessidades, provavelmente minha mochila ficará mais leve e tornará a caminhada mais prazerosa. Assim é a nossa mente. Escolhemos o que colocar dentro de nós. Se levarmos as nossas próprias necessidades, inseguranças e medos, nossa caminhada se tornará mais pesada, mas, se focarmos no que é realmente necessário para alcançar nosso objetivo, tudo ficará mais leve.

Assim poderia ocorrer também no mundo das organizações. Muitas delas têm metas de longo prazo, um *long range plan* bem definido, estratégias bem montadas, mas há tanta insegurança no dia a dia que alcançá-las se torna uma caminhada pesada. Há muitos líderes inseguros e com necessidades infinitas, mas não em prol da organização, e sim para sua própria satisfação.

Uma terceira analogia nesse dia é um fator que em geral nos passa despercebido, já que é tão natural caminharmos com eles: nossos pés cobertos pela bota. Muitas vezes sequer me atentei, mas estava completamente sem bolhas e sem dores. Os meus pés e botas foram de extrema importância para a minha caminhada. Sem eles eu não conseguiria andar como estou andando. Assim é a nossa alma. Com frequência não nos atentamos à necessidade de cuidar da nossa alma, pois ela sempre esteve ali cumprindo com seu objetivo, que é nos dar a vida, mas há muito mais a fazer por ela. A alma, em nossa vida, é como os nossos pés; se não doer, provavelmente nem lembraremos que existe. Será que precisamos esperar nossa alma sentir dor para cuidar dela? Ao longo do caminho, dizem que as bolhas nos pés são uma questão mais psicológica do que física. Claro que não estamos tratando de exceções, como botas e tênis inapropriados, mas considerando uma situação normal. Escutei isso de inúmeros peregrinos experientes e de vários cuidadores ao longo do caminho. Pude perceber também que muitos dos que pareciam fazer o caminho de Santiago para agradecer e que tinham uma boa alma não sofriam de problemas com as bolhas. Essa analogia foi interessante.

Na condição de humanos em que estamos, temos a obrigação de cuidar de nosso corpo, pois nos foi emprestado para guardarmos nele a mente, que é o elo de comunicação de nossa alma com este mundo material. Os três juntos formam o nosso eu. É isso o que somos.

Certa vez, conversando com minha mãe a respeito da alma, perguntei se a alma realmente existia, e ela me respondeu sabiamente: **"Se você tem dúvida se a alma existe, basta olhar um corpo sem ela"**. Desse dia em diante, nunca mais tive dúvida sobre a existência da alma.

A relação entre os três deve ocorrer de forma integrada, e os três devem se comunicar o tempo todo. Falamos da intuição, que não vem da mente. A alma pode alcançar espaços que são desconhecidos e acessar conhecimentos que estão armazenados em locais de difícil acesso. É através dela que estabelecemos a compaixão e a melhor comunicação com o próximo. A alma sente e, para haver uma relação, é preciso sentir, vibrar e ter a consciência de que todos nós somos iguais, como seres humanos.

Esse foi o dia em que tive uma conexão integrada entre o meu corpo, mente e alma. Pude perceber onde os aprendizados são guardados e como devemos repassá-los. Devemos ir fundo para usar o máximo de nossa potencialidade.

Fui dormir com a resposta do que é ser humano. Líder é uma derivação de ser humano.

CAPÍTULO 17

Décimo terceiro dia de caminhada

De Hontanas até Boadilla del Camino

" Os pés iniciam a caminhada, mas ela termina quando a mente encontra a alma.

Após a vivência de integração total do dia anterior, acordei revigorado e comecei a caminhar às 5 horas da manhã. Passei por algumas construções abandonadas que, junto com o nascer do sol, formavam uma paisagem ímpar.

Depois de alguns poucos quilômetros de caminhada, parei para tomar um café e o proprietário do local estava fazendo *tortillas* espanholas. Nessa parada, Javier acabou me alcançando e tomamos um café juntos. Com a minha inclinação pela gastronomia, pedi ao proprietário que me ensinasse a preparar *tortillas*. Sem hesitar, ele me convidou para dentro de sua cozinha e, com a maior boa vontade do mundo, me ensinou a fazer o prato. Há algumas formas de aprender. Podemos aprender lendo, podemos aprender fazendo, podemos aprender ouvindo, dependendo do conteúdo, mas a melhor maneira de aprender é mesmo ensinando. Essas foram as palavras do dono do café. Mais um exemplo de valores trocados. Enquanto eu achava que ele estava me ensinando, ele entendia que estava aprendendo algo comigo.

Aprendi a fazer, comemos um pouco da *tortilla*, que, por sinal, estava encantadora, e seguimos nossa caminhada — eu, Javier e Emma, que chegou logo depois dele. Estava com meu radar ligado, principalmente após a experiência do dia anterior. Não conhecia o caminho de Santiago e não sabia o que encontraria pela frente. O ensinamento do dia anterior foi de fato algo que passei e estou compartilhando neste livro, mas o mais interessante foi passar por aquela experiência e em seguida viver algo tão diferente, como o que vem a seguir.

Estava com a consciência aberta para viver o que tinha aprendido, que é a integração corpo, mente e alma. Meu corpo estava bem alinhado e meus pensamentos, muito apropriados para o momento, mas, ao sairmos do café e caminharmos pouco menos de 500 metros, encontramos um lugar incrível que se chamava Hospital da Alma. Eram cerca de 6h30 da manhã e o local ficava extremamente escondido, mas minha mente o captou, me fazendo sair do caminho por alguns minutos em busca de mais conhecimento.

Havia apenas uma placa na frente de uma casa com um possível morador que não estava naquela hora. A porta estava destrancada. Eu me desequipei e entrei na casa, puxado pela curiosidade de entender o que estava acontecendo. Foi uma experiência única. A casa tinha um som e uma atmosfera completamente diferentes, e a regra era esta: ficar em silêncio escutando a música e curtindo a atmosfera da casa. Havia uma cozinha, salas e um quarto, mas cada ambiente era decorado para, de fato, falar com os peregrinos que ali entravam. A emoção era grande ao entrar em um local como esse, cedido para oferecer o bem, e chamado de Hospital da Alma. Jamais vi essa denominação em outro lugar e, depois de passar pela reflexão do dia anterior, eu precisava dar a devida atenção àquele local. A energia que ali estava foi me envolvendo e eu pude apreciar cada detalhe, com uma iluminação à meia-luz e a música tocando 100% do tempo. E então me deparei com algumas frases:

> *El propósito de las palabras es el de transmitir ideas. Cuando las ideas se han comprendido las palabras se olvidan. ¿Donde puedo encontrar un hombre que haya olvidado las palabras? Con ese me gustaría hablar.*
>
> *Pedí ser rico para alcanzar la felicidad y me dieron la pobreza para ser sabio. Pedí todas las cosas para disfrutar de la vida y me dieron la vida para disfrutar todas las cosas. No recibí nada de lo que pedí pero obtuve todo lo que esperaba.*
>
> *Cuando no sepas a donde vas mira de donde vienes.*[7]

Mas uma das frases que mais me chamaram a atenção foi esta:

> *La peregrinación espiritual comienza en los pies y termina allí donde la mente y el alma se encuentran. Desde aquí nuestra consciencia penetra en todo universo.*[8]

Essa foi uma frase sobre a qual eu havia refletido um dia antes. A caminhada começa com os pés, mas há um aprendizado incomum em uma peregrinação que nos liga com o todo, que nos conecta conosco, unindo os pés, a mente e a alma, e nos conecta com o universo. Quando pensamos em conexão nesse nível, pensamos em conduzir nossa consciência para um patamar acima. Em nosso dia a dia, se pensarmos

---

7. "O propósito das palavras é transmitir ideias. Quando as ideias são compreendidas, se esquecem as palavras. Onde posso encontrar um homem que esqueceu as palavras? Com ele, gostaria de conversar."
"Pedi para ser rico para alcançar a felicidade e me deram a pobreza para ser sábio. Pedi por todas as coisas para desfrutar da vida e me deram a vida para desfrutar de todas as coisas. Não recebi nada do que pedi, mas tive tudo o que esperava."
"Quando não sabe para onde vai, olhe de onde veio." [Traduções minhas.]
8. "A peregrinação espiritual começa com os pés e termina onde a mente e a alma se encontram. A partir de então, nossa consciência penetra em todo o universo." [Tradução minha.]

sobre essa conexão em nossas relações, faremos com que elas sejam mais humanizadas e transparentes.

Quando olhamos uma organização, temos sempre um objetivo em comum, muitas vezes explícito em uma placa com missão, visão e valores. Temos os objetivos de forma transparente, mas será que todos estão convencidos desses objetivos? O quanto desviamos de tempo em atividades secundárias para obtenção do objetivo primário?

Vivi muitas situações no mundo corporativo com objetivos diversos entre departamentos. A liderança que hoje existe não é tocada com compaixão ou amor. Havia uma frase que deveria substituir os valores de todas as organizações:

La vida nos ha enseñado que el amor no consiste en mirarse el uno al otro, sino en mirar más allá en la misma dirección.[9]

Todos deveríamos mirar a mesma direção. Deveríamos ter o mesmo norte, mas com amor e compaixão. Os nortes deveriam ser os mesmos: evolução e crescimento, mas, muitas vezes, há um muro entre o crescimento dos colaboradores e o crescimento da organização que os lidera.

Existe um conto de um peregrino que queria mergulhar nas águas calmas e sagradas de um belo e abençoado lago mágico. Caminhou dia e noite por meses para chegar a esse lago. Passou por montanhas, enfrentou fome, frio e medo. Após meses de caminhada, quando já estava a poucos metros, deparou-se com uma grande muralha cercando o lago. "O que fazer?", ele se perguntou. A muralha impedia que ele mergulhasse nas águas sagradas daquele lago, mas, depois de meses de caminhada, todo o esforço seria em vão. O peregrino parou, pensou e começou a quebrar a muralha que o separava do lago, jogando

---

9. "A vida tem nos ensinado que o amor não consiste em olharmos um para o outro, mas em olharmos na mesma direção." [Tradução minha.]

as pedras quebradas sob a parede na direção dele. Como o lago era sagrado, perguntou ao peregrino que prazer ele tinha em arremessar essas pedras sob a muralha em direção ao lago, deixando, dessa forma, todo o entulho dentro dele. O peregrino respondeu que o prazer era dobrado. "Dobrado?", o lago retrucou, sem entender. O peregrino respondeu que sim e então explicou: "Primeiro, porque, quando eu lanço as pedras sob a parede e escuto o barulho delas caindo no lago, eu tenho certeza de que ele realmente existe e está aí, e, segundo, porque, a cada vez que eu retiro as pedras dessa muralha, mais perto fico do meu objetivo. Esse é o motivo pelo qual trabalho dia e noite para remover esta muralha".

Os objetivos dos colaboradores e da empresa deveriam ser idênticos. Deveria haver sinergia e ambos deveriam ter exaustão da potencialidade. Se o crescimento estiver em seus propósitos e for um objetivo comum, colaboradores e empresas trabalharão para o crescimento mútuo. O grande desequilíbrio da atualidade é que as organizações têm como objetivo o crescimento próprio, mas não o de seus colaboradores.

Estamos passando por uma fase em que muitos líderes, organizações e nações são egoístas, com ausência de grandes personalidades que nos incentivem e nos motivem. Muitas organizações não apenas têm lucro como objetivo principal, mas também o crescimento está representado apenas em números de faturamento e volume. Conheço a história de uma empresa que planejou um crescimento de dois dígitos em um ano, mas nem o mercado brasileiro era capaz de absorver esse crescimento. A matriz não tinha condições de atender a esse crescimento com a importação de máquinas, mas, ainda assim, mesmo com limitações internas e de mercado, a regional e os diretores da empresa afirmavam e batiam o pé visando atingir tal crescimento. Existia uma surdez por parte da organização. Isso me lembra uma frase que havia dentro do Hospital da Alma sobre a busca infinita por crescimento, não importando o esforço, e que me chamou atenção:

Si no estamos contentos con lo que tenemos, tan poco lo estaremos con lo que queríamos tener.[10]

No mundo das organizações e dos líderes em que eu já estive, havia uma luta constante para obter cada vez mais, sem ao menos medir os esforços necessários para se chegar ao objetivo. Eu sempre fui da área financeira e era muito racional. Quando se discutia crescimento, eu sempre colocava em pauta o custo de aquisição de clientes (CAC). Quanto seria pago para termos novos clientes? A estrutura estava preparada para o crescimento? O que muitas vezes meus superiores não levavam em conta é que estávamos todos no mesmo barco.

Puede que hayamos venido en diferentes naves, pero ahora estamos todos en el mismo barco.[11]

Liderar é uma tarefa árdua, e a autoliderança é a primeira coisa que devemos praticar. Estão em nossa natureza a compaixão e a servidão. Sempre exerci uma liderança na qual eu mais servia do que era servido. Tenho grandes amigos que fizeram parte das minhas equipes e sinto um imenso orgulho de ter trabalhado com excelentes profissionais que fizeram parte da minha equipe e hoje ocupam cargos de gestão em multinacionais, inclusive fora do Brasil. Dentro daquele hospital eu pude relembrar muitos momentos de minha carreira e me alimentei de todas as frases que estavam afixadas nas paredes. Entrei na casa apenas para conhecer, mas fiquei horas lendo e apreciando cada detalhe do local. Obviamente que lá dentro passei momentos que extrapolam este tema, momentos ligados à espiritualidade e à energia, mas, voltando à

---

10. "Se não estamos contentes com o que temos, tampouco estaremos contentes com o que desejamos ter." [Tradução minha.]
11. Tradução para o espanhol da famosa citação de Martin Luther King Jr.: "We may have all come in different ships, but we're in the same boat now" ("Pode ser que tenhamos vindo de diferentes navios, mas agora estamos todos no mesmo barco", tradução minha).

liderança, havia uma outra frase que me fez lembrar de um presidente que atuou na CVC. Ele era professor de estratégia e sempre dizia que apreciava a liderança servidora. Era um profissional que eu admirava. Servir é liderar com compaixão e inteligência. Servir nos proporciona mais êxito do que ser servido. Havia uma frase em uma das paredes desse hospital com os seguintes dizeres:

Soñaba que la vida era alegría.
Desperté y vi que la vida era servicio.
Serví y descubrí que la vida era alegría.[12]

Esse foi, de fato, um lugar que eu apreciei. Passei por frases que resumiam o ser humano, a humanidade e a liderança, em um local propício, no qual muitos peregrinos buscam a evolução e a gratidão. O relacionamento entre as pessoas no caminho de Santiago é de puro respeito, sem nenhuma intenção e muito menos cobrança. As relações são todas muito agradáveis e nada invasivas. As frases espalhadas pelas paredes dessa casa pareciam estar conversando comigo. Sou um profissional de alta exigência e sempre fui visto como alto potencial dentro das organizações. Sempre tive como verdade que o conteúdo é melhor do que a forma. Prestar atenção no conteúdo é mais benéfico do que se apegar à forma. Sabemos que as fraquezas dos processos, organizações e nações são encobertas por desviarem dos assuntos, então nunca aceitei muito as críticas sobre a forma visando desviar o assunto. A forma era um motivo colocado em meus *feedbacks* para a não execução de determinada atividade necessária. Sempre acreditei que o foco no resultado era apropriado para um profissional que atuava em finanças e sempre fui muito preparado para as discussões, em geral com números na cabeça e alternativas já pensadas. Em um mundo em que a preservação do emprego está acima do resultado das

---

12. "Sonhava que a vida era de alegria / Acordei e vi que a vida era de servidão / Servi e descobri que a vida era alegria." [Tradução minha.]

empresas, isso pode não ser muito bem-visto, mas, fatalmente, será um erro querer agradar a todos. **A receita do sucesso não existe, mas a do fracasso certamente é querer agradar a todos.**

Pensei um pouco mais sobre a minha vida nesse ambiente propício e, após longas horas de admiração, decidi seguir minha caminhada, renovado e pronto para uma vida de integração entre corpo, mente e alma.

CAPÍTULO 18

Décimo quarto dia de caminhada

De Boadilla del Camino até Carrión de los Condes

> *A natureza é perfeita. Basta observarmos que já temos muitos aprendizados.*

Era Sexta-feira Santa em um caminho que ainda leva muitas tradições católicas. Após um dia renovador e de recuperação da alma, literalmente, iniciei a caminhada ainda antes de amanhecer, como de costume. Caminhei ao lado de um rio por cenários deslumbrantes em meio à natureza.

Depois de alguns quilômetros, parei para fazer um lanche e comer uma banana que tinha dentro da mochila. O sentimento de paz era incrível. Uma verdadeira integração entre o meu eu completo e a natureza. Nesse dia caminhei sozinho o tempo todo, e o meu destino era Carrión de los Condes. Haveria uma procissão de Sexta-feira Santa e eu estava curioso para assistir, afinal, cultura e tradição sempre nos trazem conhecimentos.

Ao longo da caminhada, senti falta das minhas conversas com Javier. Não é fácil manter o mesmo destino todos os dias, e eu havia me perdido dele.

Podemos aprender muito com a natureza e com caminhadas solitárias, mas, pensando em minhas conversas com Javier, avistei um objeto estranho no meio do campo que, de longe, pareceu ser uma grande cobra. Fiquei um pouco assustado, mas percebi que ela não se movia com velocidade. Ao me aproximar, vi que não era uma cobra, mas apenas pequenas lagartas, que, ao atravessarem um local desmatado, no qual se tornam mais vulneráveis a virar comida de pássaro, se unem para que os pássaros as confundam com uma cobra e não as ataquem. Era uma imagem muito interessante para representar o trabalho em equipe. A natureza nos ensina o tempo inteiro.

Esse foi um dia de muita caminhada e poucas aventuras. Estava ansioso para chegar a Carrión de los Condes para ver a procissão. Cheguei ao local e fui direto para o albergue fazer o meu registro. Eu me hospedei no monastério de Santa Clara e depois fui ao mercado comprar alguns alimentos para o café da manhã do dia seguinte. Passei na frente da igreja central do vilarejo e vi um cajado (ou um *walking stick* improvisado) que era único e só poderia ser do Javier. Entrei na igreja e lá estava meu amigo, pensando se deveria dormir naquele vilarejo ou no próximo. Ele decidiu se hospedar no mesmo albergue que eu, e foi uma noite bem diferente. Cozinhamos *tortilla*, pois ele sabia fazer e me ensinou, seguindo os mesmos conceitos do dono do bar perto do Hospital da Alma.

Após nosso jantar, que usualmente era mais cedo do que o comum, saímos para visitar o museu da cidade, onde pudemos observar a escrita antiga e os modelos exemplares de caligrafia. As cartas de antigamente eram verdadeiros quadros e, explicadas pelo meu amigo antropólogo, se tornavam ainda mais interessantes.

Depois da visita ao museu, caminhamos até a rua principal, onde aconteceu a procissão. Uma cidade extremamente católica que segue as tradições do feriado da Páscoa. Foi interessante assistir, até porque cada um tem o seu próprio propósito.

CAPÍTULO 19

Décimo quinto dia de caminhada

De Carrión de los Condes até Sahagún

> *A determinação pela busca do crescimento nos leva além.*

Gostei muito da experiência de ter passado a noite em um monastério, lugar de muita paz e sabedoria. Antes de dormir, pesquisei como seria a trajetória para o dia seguinte e me lembrei de uma cidade chamada Sahagún, que tinha o monastério das beneditinas. Eu não podia perder essa experiência, até porque Sahagún marca a metade do caminho para Santiago de Compostela.

Apenas para contextualizar, o monastério das beneditinas de Sahagún foi fundado em 1546, ou seja, quase a idade do Brasil, por Dona Antonia Enríquez Orense. Em 1947, Dona Antonia, juntamente com algumas mulheres, fez seus votos religiosos e foi morar no monastério. Em 1556, fizeram o pedido para se tornarem beneditinas e foram aceitas em 1586. Como essas monjas não tinham fonte de recurso financeiro, decidiram trabalhar e produzir caramelos, roupas de inverno e montaram a hospedaria para peregrinos. Em 1980, a fábrica de caramelos deixou de ser do monastério e passou a produzir bordados e chocolates Lloveras. Como esse mercado não era suficiente para sustentar o monastério, elas passaram a produzir *repostería* (confeitaria) e estão até hoje nesse mercado, do qual tiram o seu sustento.

Como estou fazendo essa caminhada em busca de conhecimento e agradecimento, eu não poderia deixar de conhecer esse lugar que se reinventou diversas vezes para garantir sua sobrevivência. Esse monastério tem mais de 450 anos de história e precisou se reinventar para que pudesse se manter. Vimos muitas histórias, nos últimos tempos, em que empresas não se reinventaram e acabaram extintas, como Kodak, Atari, Blockbuster, Itautec, SEGA, Blackberry e até empresas de tecnologia, como Yahoo. Mas esse monastério já existia havia bastante tempo e continuava se reinventando. Como era possível essa reinvenção constante? Eu precisava verificar isso pessoalmente.

O meu desejo era pousar em Sahagún, então fiz meu planejamento de caminhada e tinha duas alternativas. Eu poderia caminhar aproximadamente 30 quilômetros, que é uma boa média de caminhada por dia, porém teria de parar para dormir e, provavelmente, dois dias depois, apenas passar pela cidade de Sahagún, que ficava a 41 quilômetros de Carrión de los Condes, pois não estava nos planos caminhar apenas 11 até Sahagún, já que seriam poucos quilômetros para esse segundo dia. A outra opção seria caminhar 41 quilômetros e pousar em Sahagún, e foi essa minha escolha. Caminhei 41 quilômetros nesse dia com os mesmos 10 quilos do início nas costas. Era o 15º dia de caminhada. Valeu cada passo.

Iniciei minha caminhada às 5h30 da manhã. Assim como quase todos os dias, assisti ao amanhecer e tinha a expectativa de chegar a esse monastério e viver um dia de ensinamentos com as monjas. Apesar da determinação de chegar a Sahagún, eu me senti cansado muitas vezes ao longo do dia, mas persisti no meu objetivo, e isso me fazia mais forte. Eu tinha um propósito para esse dia e só descansaria quando fosse cumprido. Eu não passaria pelo caminho de Santiago sem viver essa experiência, que foi uma das mais marcantes. Para driblar o cansaço, eu cantava ou mantinha minha mente ocupada pensando no monastério.

Durante esse dia, eu também pensei no quanto precisava repassar minha experiência por meio da escrita para os líderes de hoje. Eu tive grandes êxitos em minha carreira profissional e sempre recebi boas avaliações, mas os líderes me frustravam a cada experiência que eu tinha. Em cada nova empresa eu entendia que o egoísmo e a falta de compaixão eram um problema da liderança. Há muitos pensamentos na cabeça dos líderes atuais, mas, pelo que pude observar ao longo de minha trajetória profissional, os pensamentos que prevaleciam eram sempre aumentar as vendas e os lucros, explicar as variações de forma que não parecessem ineficiência da unidade, se safar de algum possível dano à sua própria imagem e extrair cada vez mais da própria equipe, sem pensar em elevar o nível da empresa como um todo. Para isso, precisariam também elevar o nível de outros departamentos, e isso exigiria muito esforço e trabalho, através de diplomacia e política. Esse é um dos maiores desafios da liderança, a liderança indireta. Na liderança direta existe hierarquia e poder, e nesses casos fica mais fácil mandar, mas não podemos chamar isso de liderar. Nunca tive uma conversa com um líder que pensasse e falasse em elevar o conhecimento de todos, ou mostrasse preocupação com a felicidade ou a qualidade de vida da equipe. Isso sempre acontecia em épocas de pesquisa de clima, quando fica explícito para toda a empresa e para a casa-matriz se um departamento específico estava melhor ou pior do que a média da empresa. Nesse momento, todos se preocupavam em melhorar o clima, se sair bem na pesquisa, algumas vezes figurar no *Guia de Melhores Empresas para Trabalhar*, e logo a moda passava. Não era sustentável.

Durante a caminhada, passei pelo Albergue Jacques De Molay e pensei na ordem dos templários, pois De Molay teve uma grande influência nesses movimentos com sua liderança. A ordem dos templários era uma organização poderosa que tinha uma liderança impecável. Recrutavam e formavam sempre os melhores líderes, mas, mais do que isso, tinham votos quando entravam para a ordem, e o principal era: "Não a nós, Senhor, não a nós, mas pela glória do Teu nome". Era uma organização que desde o início fora criada pela ordem do nome de Deus. Não estou entrando no mérito religioso da questão, mas no propósito servidor que havia entre os cavaleiros. Eles serviam essa ordem e eram capazes de dar a vida por ela. Muitas vezes não somos capazes de dar minutos de nossa vida para o nosso propósito ou até nem sabemos qual é o nosso próprio motivo para ação, imagine doar tempo para o propósito de uma organização e servi-la? A liderança servidora de fato serve algo que faça sentido e que tenha os propósitos alinhados com os seus.

Para satisfazer um ponto de vista turístico e cultural, passei pelas Bodegas de Moratinos, bodegas de alimentos e vinhos encrustadas nas montanhas que existem desde a época do Império Romano. Vale a pena conhecer, pois, assim como houve a queda de grandes empresas pela ausência de inovação, também tivemos grandes impérios que cederam talvez pela ausência de liderança servidora e um exagero de liderança autoritária, com ausência de compaixão e excesso de egoísmo. Algumas empresas hoje em dia se assemelham ao grande Império Romano. E eu arriscaria dizer que até mesmo algumas nações.

Após longos 41 quilômetros caminhados, cheguei ao albergue das beneditinas. A primeira informação que devemos saber a respeito desse movimento é que a ordem foi criada por São Bento de Núrsia, que viveu de 480 a 547. Estudou em Roma e vinha de uma família abastada, mas decidiu largar sua vida cômoda para viver em uma gruta longe do mundo agitado da cidade. Essa é uma das mais antigas ordens católicas de clausura monástica que se baseiam na regular convivência social. É a iniciadora do movimento monacal. Apesar de viver em uma gruta como eremita, São Bento de Núrsia voltou para a convivência após entender que ensinamentos devem ser repassados e não guardados para si. Também aprendeu pelo contraste de viver só e entendeu a importância de viver em sociedade, mas havia uma regra simples: a compaixão.

Com base em seus preceitos, o monastério beneditino foi criado com alguns propósitos e, entre eles, excluindo os religiosos, tinha a obrigação de dar abrigo aos peregrinos e viajantes em seus mosteiros, prestar assistência aos pobres e promover o ensino. Por este último motivo, junto de um monastério beneditino sempre havia uma escola, razão pela qual a ordem se tornou um dos centros culturais da Idade Média. A primeira das regras beneditinas é que **o monge é o que vive em comunidade, o monasterial, militando sob a regra de um abade, e a regra número dois é que a caridade é difundida em nossos corações pelo Espírito Santo, e nos foi dada para que todos sejam um**. Farei aqui um paralelo com muitas empresas nas quais atuei. O topo da cadeia estratégica da empresa tinha dois objetivos, na maioria das vezes: o crescimento do faturamento e o lucro na casa dos dois dígitos. Como esses dois objetivos entram em sinergia com os propósitos individuais de cada colaborador? Não seriam egoístas esses objetivos? Se repararmos, os objetivos de um monastério beneditino é servir, servir e servir, e a consequência é uma ordem que existe há muitos anos. Em um cenário em que a igreja católica já não tem forças e nem mesmo recursos para manter esses monastérios, além de não ser o propósito da ordem beneditina, uma organização pode ser mantida por mais de 500 anos, se reinventando o tempo todo. Os cidadãos não deixam uma organização assim falir.

Com esses ensinamentos, cheguei ao albergue e fui extremamente bem recebido por voluntários que lá estavam para prestar serviços alinhados com o objetivo principal da ordem: receber os viajantes. Faziam esse trabalho gratuitamente, mas com paixão, compaixão, de coração. Os propósitos estavam alinhados. A hospitalidade é um trabalho que os monges realizam desde os primórdios até os dias de hoje. São Bento pregava que "todos os hóspedes que chegarem ao mosteiro sejam recebidos como o Cristo". Imagine se tratássemos os clientes ou colaboradores dessa forma, se esse fosse o propósito de uma organização, assim como na ordem.

Era um monastério feminino, e eu queria entender como era realizado o recrutamento das monjas. No local havia monjas de 22 a 89 anos, e aqui já fica uma bela lição de diversidade de gerações. São Bento já dizia: "Honrem os mais novos aos mais velhos e os mais velhos aos mais novos, e assim estarão todos em paz". Quando o abade do monastério atinge 75 anos, ele precisa, obrigatoriamente, renunciar ao cargo e dar espaço a um abade mais novo. Esse abade é escolhido pelos monges e monjas.

O monastério era bem tecnológico, tinha até wi-fi. Além disso, eles valorizam o trabalho. "A ociosidade é inimiga da alma, por isso, em certas horas, devem ocupar-se os irmãos com o trabalho manual e em outras horas com a leitura espiritual." A ocupação das monjas era de leitura espiritual e trabalho. Não ficavam ociosas em momento algum. Assim também era a rotina dos voluntários que trabalhavam no local, quando fiquei hospedado lá. São Bento dizia que verdadeiros monges são os que vivem do trabalho de suas mãos, como nossos pais e apóstolos. Isso quer dizer que ganham o sustento com seu próprio trabalho, seja ele manual ou intelectual. Outro ponto muito interessante é que todo trabalho é bem-vindo na vida do monge, mas não pode ser prejudicial à vida monacal. Nesse momento lembrei das minhas longas 12 a 14 horas de trabalho e do impacto que isso tinha na minha vida pessoal. Quem trabalha em finanças ou em empresas multinacionais jamais poderia ser monge.

Para dormir, era cobrado um valor simbólico de 5 euros. O jantar e o café da manhã estavam inclusos nesse valor. O jantar era preparado pelos voluntários, que estavam ali para servir, assim como o café da manhã. A única contribuição adicional que eles pediam era algum alimento que estivesse na mochila que não fosse fazer falta e pudesse ser compartilhado no café da manhã e no jantar, como uma lata de milho, um pão, um salame etc. É claro que, se não tivesse nada, não precisava levar. Era apenas um ato voluntário para contribuir com o jantar e o café da manhã. Como se não bastasse, também serviam um café da tarde, às 17h. Era um café promovido todos os dias para os peregrinos conversarem e se conhecerem.

No monastério beneditino, não existe apenas o ato de hospedar um peregrino ou um viajante oferecendo jantar ou café da manhã, o propósito vai muito além disso. Eles querem escutar o peregrino e entender a história de cada um, não de uma forma egoísta, mas compreendendo a vida de quem se hospeda no local. Também contam a vida deles, dividindo a história de cada um com o viajante. Essa rotina acontece o tempo todo, mas também se respeita quem prefere ficar no silêncio. É raro, nos dias de hoje, encontrar alguém que queira escutar nossa história. Empresas que queiram saber o seu propósito e valor são ainda mais raras. Nas entrevistas de emprego, sempre me perguntavam onde eu gostaria de estar em 5, 10 e 15 anos, mas nunca me perguntaram como eu pretendia chegar lá. Sempre me perguntavam da minha vida pessoal, mas nunca me perguntaram aonde eu esperava que aquele trabalho me levasse, e, qualquer que fosse minha resposta, o que interessava mesmo eram os resultados que eu daria para a empresa nos próximos 12 a 24 meses, no máximo.

Essa troca de histórias entre os peregrinos e os voluntários foi uma sessão de aprendizados melhor que minhas aulas de psicologia do MBA. Escutei a história de todos e tive a oportunidade de contar a minha. Todos os peregrinos que estavam hospedados nesse monastério tinham grandes propósitos e grandes histórias. Como dizia São Bento, "para que sejamos apenas um". Como podemos tornar todos os colaboradores de uma organização apenas um? Como alinhar valores e propósitos? O crescimento de todos é um dos poucos propósitos que podem ser compartilhados com todos, mas não me refiro ao crescimento de números, e sim ao crescimento como um todo. Crescimento de contribuição com a própria sociedade.

Mas o melhor do dia ainda estava por vir. Como comentei, não sou católico nem religioso, e este não é um livro que trata de religiosidade, mas é impossível falar de ser humano, caminho de Santiago e liderança sem ao menos tocar no assunto. Nesse dia decidi ir à missa que é celebrada pela monja do monastério. Ela saiu completamente do protocolo da igreja católica e nos deu uma grande lição. Começou seu sermão perguntando o que estávamos fazendo no caminho de Santiago. Perguntou qual era o nosso verdadeiro propósito ao realizar aquele caminho. Ela fez um belo paralelo entre o caminho de Santiago e a nossa vida em geral. Comentou que o caminho era apenas uma etapa, assim como a nossa vida, com começo, meio, fim, e, entre tudo isso, nossa caminhada, que termina com a morte, para os que não acreditam em vida após a morte, ou que não termina nunca. O que muda é a forma de dar os passos, e respondeu a essa pergunta por nós. Disse que todos que estavam no caminho buscavam crescer, ser melhor naquilo que seria a sua verdadeira essência, e que faria o peregrino melhor. Esse foi um ensinamento que jamais esquecerei, pois, de fato, os que estavam fazendo apenas por esporte queriam ser melhores no esporte, e no fim saíram melhores cultural e socialmente. Os que faziam para agradecer queriam ser melhores na forma de agradecer; os que faziam por religião queriam estar mais perto do objetivo espiritual que tinham, e assim por diante, mas todos tinham em comum o desejo de ser melhores. E ela ainda complementou, desejando que todos pudessem encontrar a sua melhor versão e que pudessem levar a paz de volta para o seu cotidiano. Essa foi uma das mensagens mais simples e completas que já vi em uma missa católica. Algo que saiu completamente do protocolo, mas que me fez refletir por muito tempo.

Nesse monastério, aprendi várias lições:

- Deve haver inovação e lição de perpetuidade.
- O trabalho é um fator crucial para a sobrevivência, desde que não afete o nosso propósito principal de vida.
- Deve haver um propósito único entre todos da ordem.
- É importante viver em sociedade e repassar conhecimentos.

- Deve haver liderança servidora e o repasse de todo o conhecimento possível.
- Deve-se ter responsabilidade com a sociedade e com todos.
- É preciso receber os clientes ou funcionários como se fossem Cristo.
- Deve haver diversidade no recrutamento.
- É preciso entender os propósitos individuais, pois um grupo é composto de pessoas, e cada uma tem o seu propósito.
- Todos, absolutamente todos, estão nessa caminhada chamada vida em busca de potencializar o seu melhor.
- Devemos levar a bondade, a paz e a servidão aonde quer que formos ou estejamos.

Se entregarmos o nosso melhor, colheremos o melhor de todos que estão ao nosso redor. Entregue o seu melhor e o resto será consequência.

CAPÍTULO 20

Décimo sexto dia de caminhada

De Sahagún até Mansilla de las Mulas

> *A renovação e a inovação são as chaves para o renascimento.*

Acordei ainda encantado com os aprendizados do dia anterior. Meu desejo era ter ficado nesse albergue por mais alguns dias, mas há uma regra nos albergues comunitários e monastérios do caminho de Santiago: só é permitido ficar mais de um dia em caso de doença ou fadiga limitante. Como esse não era o meu caso, acordei mais uma vez às 6 da manhã e 20 minutos depois já estava na estrada. O albergue só abria às 7 horas, mas eu havia combinado com um voluntário para que ele abrisse a porta para mim nesse horário, pois gosto de acordar cedo para caminhar.

Naquele ambiente, que existe há muitos anos e onde as pessoas ainda vivem algumas situações como na Antiguidade, é normal que cumpram com sua palavra. Eu sentia muita falta desse ato tão simples e tão nobre, que hoje se tornou uma iguaria. Atualmente, é muito raro que as pessoas cumpram com sua palavra, por isso eu estava encantado por poder contar com aquelas pessoas. Eu simplesmente confiava no que elas diziam, pois não havia motivo para mentir. Não há contrato e muito menos cartório no caminho de Santiago. Quanto se economizaria se tudo fosse simples dessa forma? Daria para pagar a alimentação dos mais necessitados por um bom tempo e provavelmente ainda haveria melhor distribuição de renda.

Depois de um dia nessa instituição tão antiga que tanto se reinventou para sobreviver, pois acreditavam que o sustento tinha de vir do trabalho, eu tinha certeza de que o trabalho, a inovação, a reinvenção, a busca pelo melhor e o servir formam a receita que proporciona o crescimento do todo — instituição, indivíduo e nação —, e o lucro seria apenas uma consequência da união desses valores. Havia muita solidariedade naquela instituição beneditina.

Hoje é domingo, e o dia da ressurreição de Cristo para aqueles que acreditam, dia de comemoração da Páscoa. No Brasil, as crianças ganham um ovo de chocolate e normalmente se comemora com um almoço com muita fartura. Poucas são as famílias que de fato comemoram o verdadeiro sentido da Páscoa, que, na minha concepção, representa o renascimento do novo e a simplicidade. A vida é muito simples. Temos muitas segundas-feiras, muitos dias, muitas horas novas e muitas chances de renascer e nos reinventar. Podemos fazer isso o tempo todo, pois jamais seremos os mesmos do minuto anterior. Trago essa reflexão para pensarmos em quantos projetos deixamos de realizar por medo do fracasso. Quantos projetos, como líderes, deixamos de patrocinar por receio. Devemos nos lembrar nessa data que sempre há a chance de recomeçar. Sempre podemos renascer, inclusive, para aqueles que acreditam, podemos renascer até para a morte. Para mim, essa data marca a possibilidade que temos de viver algo novo, e se até para a morte há o renascimento, imagine para aqueles projetos que abandonamos em vida. Sempre há renascimento e reinvenção.

Enquanto muitos que conheço almoçavam com suas famílias e comiam ovos de chocolate, eu tinha uma combinação de fatores que fariam de qualquer prato um verdadeiro banquete. Fome e vontade de matá-la, cansaço de caminhar muitos quilômetros por dias consecutivos carregando uma mochila pesada e um sanduíche do dia anterior, que nesse momento mais parecia um belo prato de lombo de bacalhau português regado com muito azeite e batatas ao alho. Sentei em um local fresco e desfrutei daquele delicioso sanduíche amanhecido que estava na minha mochila. Eu tinha tudo o que precisava naquele momento e estava feliz com o que tinha. A cada escolha que fazemos em nossa vida, renunciamos a alguma coisa. Nesse domingo eu havia escolhido caminhar e me alimentar desse sanduíche, renunciando a uma vida confortável em meu apartamento, em minha zona de conforto. Eu estava aprendendo e, para ter qualquer aprendizado, é necessário sacrifício.

Durante esse dia marcado pelo renascimento e renovação, em que, simbolicamente, segundo ensinamentos cristãos, morre um homem chamado Jesus para nascer um Deus, eu me lembrei de processos e projetos que visavam à renovação dentro das organizações em que trabalhei e que simplesmente não foram aceitos pelo medo do que poderia vir com a mudança. Poderiam ser projetos de sucesso, mas existia o risco do fracasso, e muitos líderes temem mais o fracasso do que a renovação, o que os mantém no *status quo* da vida. Não conseguem sair da zona de conforto em busca de crescimento e renovação.

Caminhei 19 quilômetros nesse dia, pois estava com um incômodo na perna e não queria forçar. Também desejava viver outra experiência de hospitalidade em uma pequena cidade chamada Mansilla de las Mulas. Mansilla é uma cidade fundada em 1181 e tem pouco mais de 1.500 habitantes. Seu nome significa escudo e dizem que a interpretação do nome é literal, estando esse escudo, inclusive, no brasão da vila.

Cheguei ao albergue da cidade a fim de experimentar mais uma vez a hospitalidade e servidão do caminho. Fiz o meu registro e, como era de costume, fui tomar banho para posteriormente lavar a roupa e comer algo após o meu belo almoço de Páscoa, meu sanduíche amanhecido. A primeira surpresa que tive foi o banho frio, pois a cidade estava sem aquecimento por algum motivo que não consegui descobrir. A única coisa que sei é que aquele banho de arrepiar as espinhas em um clima que variava de 10 a 12 graus Celsius foi essencial para acordar e curar o meu incômodo na perna. Saí do banho revigorado, pois banho frio nos deixa mais alertas. A hospitalidade se iniciou com um banho gelado, mas a recepcionista do albergue me explicou a situação e pediu desculpas algumas vezes, mesmo sabendo que não era culpada. O aprendizado aqui é a atenção que ela deu ao fato e seus pedidos de desculpas, como se quisesse fazer algo para compensar.

As situações são colocadas em nossas vidas para nos proporcionar aprendizado de alguma forma, e esses pequenos detalhes não podem tirar o brilho do propósito maior. Não seria um sanduíche amanhecido em substituição ao almoço de Páscoa ou um banho gelado em um dia frio que tiraria o brilho de uma caminhada como esta ou de um dia em que eu estava encantado com a hospitalidade do cenário. Eu poderia reclamar do cenário do dia ou contemplá-lo, sabendo que a Páscoa seguinte, se desejasse, eu poderia passar no conforto de minha casa, além de ter a chance de tomar um banho quente no outro dia, mas esse dia estava me proporcionando grandes aprendizados e eu tinha que agradecer e aproveitar.

No albergue de Mansilla dormi em um quarto com dois beliches. Eu estava em um e duas senhoras americanas no beliche ao lado. Uma delas tinha 69 anos e a outra, 71, e estavam fazendo o caminho francês carregando suas mochilas nas costas, como todos os jovens peregrinos. Conversamos sobre a Páscoa e sobre a idade delas. Foi uma lição, pois tinham muito o que ensinar sobre renascimento. Elas já tinham vivido muitas experiências e resumiram o caminho de Santigo como mais um renascimento. Segundo elas, o caminho seria um divisor de águas devido à idade e ao estilo de vida que ambas levavam nos Estados Unidos. Infelizmente não me recordo do nome delas.

Foi um dia de muita determinação, pois o incômodo na perna estava bem latente e não consegui caminhar sem dor, mas também marcado por mais uma superação, pela simplicidade e consciência de que todos os dias são dias para nos renovarmos e nos recriarmos.

Nossa mente está aberta para as informações que devem chegar ao nosso encontro e que nos deixarão mais próximos de nossos propósitos, e mais uma vez uma frase me chamou atenção: por que caminha? O que o move?

Carrego como exemplo minhas amigas de 69 e 71 anos que estavam caminhando por quase 1.000 quilômetros levando a sua própria mochila apenas para se renovarem e viverem experiências que até os 60 anos ainda não tinham vivido. Estavam se renovando na terceira idade. Esse era o motivo da caminhada delas.

CAPÍTULO 21

Décimo sétimo dia de caminhada

De Mansilla de las Mulas até León

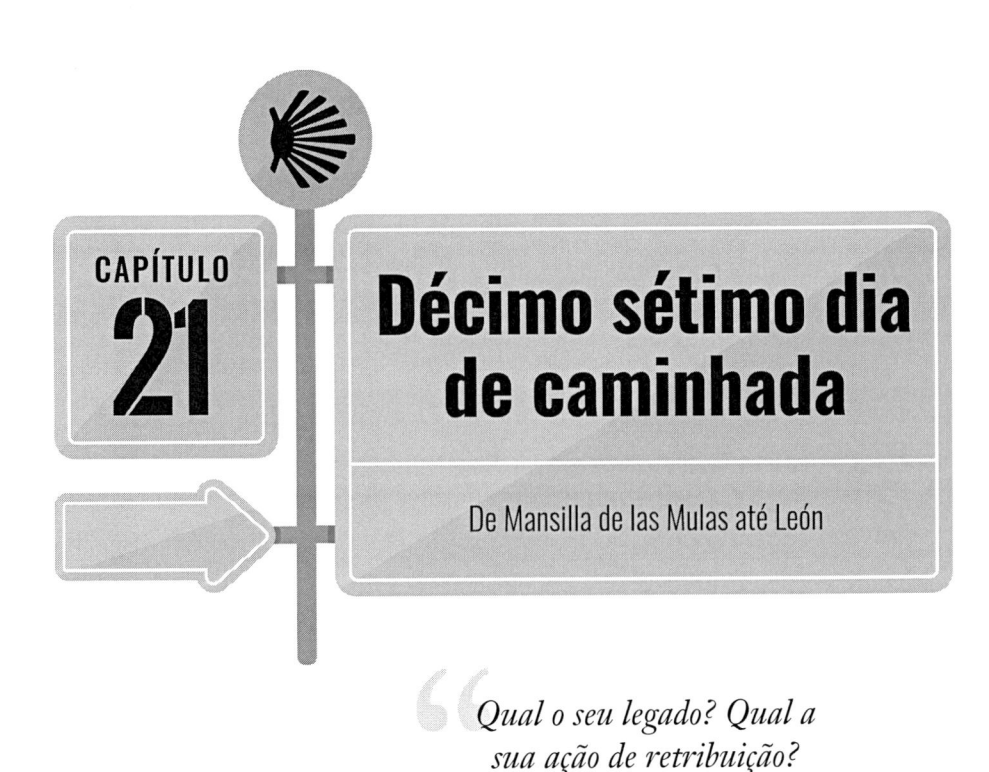

> *Qual o seu legado? Qual a sua ação de retribuição?*

Deixei para trás o domingo de Páscoa, marcado pela renovação e renascimento, e segui em busca de mais um dia de aprendizado. O destino era Léon. Apesar de estar a apenas 18 quilômetros de distância de Mansilla de las Mulas, eu queria pousar nessa grande cidade, seria mais uma noite em um monastério. O destino era o monastério das beneditinas na cidade de León, chamado Beneditinas de Carbajala.

Até esse dia foram muitos os aprendizados no caminho de Santiago. Aprendi a ser simples, a manter a palavra, a ter solidariedade, compaixão, empatia, a buscar o meu melhor, a ser servidor, a acreditar na inovação, a pensar no trabalho e no voluntariado, mas o mais importante foi aprender a ser mais humano. Aprendi que o caminho nos eleva como seres humanos e, como parte integrante da natureza, precisamos estar sempre em evolução e em crescimento. Ao buscarmos novos aprendizados, estamos sempre crescendo e evoluindo. Mas o que eu entreguei de aprendizado para o caminho? De que forma contribuí para essa experiência cheia de encantamentos? Conforme já comentei, essa caminhada é um paralelo com a vida. Existem várias formas de contribuir e deixar um legado. Parecia que eu estava caminhando sozinho, mas eu tinha muitos parceiros comigo.

Eram 17 dias de caminhada, 37 anos de vida, 13.505 dias de vida, 324.120 horas de vida e infinitas possibilidades de me reinventar. Dos 37 anos, aproximadamente 15 foram como líder de grandes empresas multinacionais. Em ambos os cenários, me relacionei com muitas pessoas. Tenho orgulho de minha carreira, pois sempre pensei em incentivar a minha equipe a buscar o que fosse melhor para eles e nunca compartilhei a opinião de alguns líderes "chefes" que tive ao longo de minha jornada profissional. Tive muitos problemas com lideranças egoístas que só pensavam em manter a sua posição e não assumiam com responsabilidade o papel que lhes foi concedido. Muitos desses líderes fugiam da responsabilidade das tomadas de decisão e preferiam delegar. Líderes que fugiam de seus liderados e preferiam não entrar em discussões mais acaloradas para manter a diplomacia. A ausência de discussão e de tomadas de decisão gerava grandes atrasos e prejuízos para as empresas em que atuei. Passei por uma situação muito interessante ao longo de minha carreira. Certa vez, uma equipe estava com problemas de performance e um diretor decidiu contratar uma consultoria para ajudar. Nessa equipe havia seis gerentes com muita experiência e em busca de crescimento, porém o diretor buscava performance como um time. O resultado da consultoria foi catastrófico, pois, dos seis gerentes, quatro saíram em dois meses e o diretor ficou apenas com dois gerentes para finalizar o resultado da consultoria. O mais interessante é que, com o *turnover* de quatro gerentes de um time de seis, em que os quatro tinham, em média, um ano e meio de empresa, a consultoria foi considerada um sucesso, mesmo que a performance não tenha sido incrementada pelos dois anos seguintes após a consultoria. Essa grande empresa à qual estou me referindo gastou mais um ano para repor essas quatro posições. Com uma nova gerência executiva, demora-se um tempo para que a performance atinja o pico, por melhores que sejam os profissionais.

Muitas vezes, quando um time está com problema, é necessário trocar o técnico, mas, infelizmente, em minha vida corporativa, pude perceber que o técnico é escolhido por pessoas de um nível acima, que não participam do dia a dia da empresa. Quem sabe um dia o técnico seja escolhido pelos liderados, que o irão admirar e respeitar as suas decisões.

Não seria o caso de esse consultor ou líder se perguntar o que ele está entregando para a equipe? Seria essa equipe bem liderada, considerando que quatro gerentes saíram em menos de um ano e meio e em um espaço de tempo de dois meses? Esses profissionais não seriam mais bem aproveitados se o líder soubesse extrair o melhor de cada um? Será que em algum momento esse líder pôde perceber a ausência de liderança?

Eu me fiz tais perguntas nesse momento. De que forma contribuí para a minha caminhada até ali? O que deixei de legado? Lembrei-me de alguns profissionais que passaram pela minha equipe e que hoje estavam em posições de destaque em muitas grandes empresas e dos elogios que recebi como líder. Eu me sinto lisonjeado por ter recebido elogios de líderes que admiro. Alguns elogios, bem como algumas críticas, prefiro não escutar. É muito importante, antes de ouvir o elogio ou a crítica, conhecer o seu autor.

Eu começava a caminhar às 5h30 da manhã, e nesse dia específico estava muito escuro. Sem a minha lanterna eu não conseguiria encontrar o caminho. Eu acendia a lanterna e podia enxergar o caminho que deveria seguir. Lembrei dos meus líderes e mentores que faziam esse papel de iluminar o meu caminho e me dar orientações. Tive muitos líderes e mentores na vida e pude contribuir com muitos profissionais, sendo mentor também. Alguns dos meus superiores foram verdadeiras lanternas, iluminando o caminho dos colaboradores e das organizações de tal forma que direcionavam o time, tomando decisões, influenciando e motivando suas equipes.

Nessa caminhada eu havia cruzado o caminho de muitos outros peregrinos, e com certeza pude contribuir para suas histórias, assim como eles contribuíram para a minha. Há uma troca de histórias, e todos que passam pela nossa vida nos deixam algum legado, assim como nós deixamos na vida deles. Qual o legado que os líderes atuais estão deixando para suas equipes?

Com essa reflexão, segui até a cidade de León e logo cheguei ao albergue das beneditinas de Carbajalas, um lugar relativamente novo, criado em 1993. León era a única cidade grande do caminho de Santiago que não tinha um albergue em que os peregrinos pudessem se hospedar. Com base nessa premissa, seis peregrinos foram até as autoridades da cidade buscar um local que pudessem transformar em um albergue municipal. Houve um grande desentendimento entre os munícipes, com exceção das monjas beneditinas de Carbajalas, que, com seus aprendizados oriundos de São Benedito, não poderiam se opor a ceder o espaço para o abrigo dos peregrinos. Elas tinham apenas uma preocupação: como seria a adaptação a uma vida de relacionamentos com pessoas de fora do monastério após tantos anos de clausura? Abriram mão dessa preocupação para acolher os peregrinos como uma verdadeira lição beneditina, com amor e como se fossem Cristo.

Cheguei ao albergue com esse clima hospitaleiro e fui recebido pela irmã Ana Maria. Ela recebe todos os peregrinos com seu hábito impecável e abraça a todos, mesmo os mais suados e sujos. É a representação da simpatia. Acredito que o receio inicial dessas monjas de saírem da clausura não seja mais uma preocupação nos dias de hoje. Elas fazem com que os peregrinos se sintam em casa.

Eu me organizei num quarto com mais de 50 camas, e o peregrino que estava na cama abaixo da minha mostrava uma estafa incomum. Era um fazendeiro húngaro que estava fazendo o caminho para agradecer pela vida de um amigo que o ajudou. Ele comentou comigo que jamais esquece quem o ajuda e sempre lembra os fatos que marcaram positivamente sua vida. Sempre que recebe um ato de bondade, ele tenta retribuir para a vida ou para quem aparece em sua vida. Achei muito interessante aquele pensamento. **E você, o que deixa de legado em sua equipe? O que entrega de volta para esse caminho que se chama vida?**

CAPÍTULO 22

Décimo oitavo dia de caminhada

De León até Villanalba[12]

> *De que vale a imagem, se não houver conteúdo que acrescente?*

Como era de costume, em muitos monastérios há horário para sair. Se tem café da manhã, geralmente o horário de saída é mais tarde. Nesse dia tomei café no albergue, me despedi das monjas e segui meu caminho. Já nem reparava mais no problema que tinha no início da caminhada, que era arrumar a mochila e dobrar o saco de dormir. Isso já tinha se tornado automático.

Segui a caminhada do dia em busca de mais um desafio para chegar ao objetivo principal. Tudo o que eu tinha era minha mochila, minha bota e meus *walking sticks*. No mundo exterior, eram apenas esses pequenos objetos, mas dentro de nossa mente peregrina carregávamos uma série de sentimentos, inseguranças e experiências. Alguns são muito importantes para atingirmos o nosso objetivo, mas outros

---

13. A cidade de Villanalba não está nos mapas do Eroski. Trata-se, na verdade, de um desvio que passa por dentro de algumas fazendas de criação de ovelhas.

servem apenas para alimentar o ego. Existem várias superficialidades em nosso mundo. Eu mesmo era muito preocupado com as aparências. Acredito que a minha experiência até esse momento tenha me feito ser assim, mas especificamente nesse dia perdi o pente dentro da mochila e não o encontrava. Decidi seguir o trajeto até o meu destino do dia. Lá chegando, percebi que não havia penteado o cabelo. Confesso que nesse momento não fez a menor diferença, era apenas um pequeno fator externo. O meu objetivo do dia foi cumprido sem eu nem mesmo perceber que não estava com o cabelo penteado. O meu mundo não acabou nesse dia e a foto saiu até divertida.

Alguns sentimentos são supérfluos em nosso mundo humano e, como líder, devemos ter autoliderança e simplesmente ignorar certos sentimentos. Atualmente, líderes que estão em posição de destaque sentem tanta insegurança que isso impacta de maneira significativa o resultado de suas atividades. Essa insegurança, muitas vezes, é causada por um vazio, por não saberem seu verdadeiro propósito. Insegurança, egoísmo, vaidade, entre outros sentimentos, não nos levam muito longe. Podemos escolher o que incluir em nossos pensamentos e os sentimentos que nos farão ir além, como empatia, compaixão, determinação. Estes, sim, nos fazem seguir em busca de nossos objetivos, sem desvios ou mesmo sem limitações.

Nesse dia caminhei de forma solitária e introspectiva, em meio a longas plantações de canola, nas quais pude ver muitos pastores conduzindo suas ovelhas. Ao passar por um pastor que, sozinho, conduzia mais de 5 mil ovelhas, deparei-me com um líder de um rebanho sendo seguido por suas ovelhas, que confiavam em seus passos e tinham certeza de seu destino, apenas com seu cajado e sua trajetória, sem avaliação de desempenho ou pesquisa de clima. Apenas com sua energia, ele era capaz de conduzir muitas ovelhas sem perder uma sequer ao longo do caminho.

Após esse dia de introspecção e caminhada, pousei em um albergue rural em Villanalba.

CAPÍTULO 23

Décimo nono dia de caminhada

De Villanalba até Astorga

> *Todos os líderes são seres humanos, mas muitos chefes não são nem humanos.*

Nesse dia acordei mais uma vez cedo, mas não senti nenhum incômodo na perna, como nos dias anteriores. Nada como cuidar do nosso corpo e não abusar. Eu simplesmente caminhei menos nos últimos dois dias e isso contribuiu bastante para a minha melhora. Iniciei a caminhada com Javier, que havia pousado no mesmo albergue que eu. Conversamos sobre grandes líderes do mundo e destacamos o papa Francisco, com suas mudanças na Igreja Católica e no Vaticano, Angela Merkel, e suas políticas de aceitação de refugiados na Alemanha, e confesso que tivemos dificuldades para mencionar um grande terceiro nome da liderança mundial. Falamos da ausência de líderes na atualidade, mas me lembrei do presidente da empresa Schering do Brasil, senhor Theo van der Loo, com quem tive a felicidade de trabalhar. Um dos melhores presidentes que já vi atuar. Ele era presidente da Schering quando ela foi comprada pela Bayer. Virou presidente da Bayer e, após alguns anos, se aposentou. Atualmente trabalha com causas nobres, entre elas a defesa da diversidade e o combate ao racismo.

Tenho verdadeira admiração pelo Theo, um dos presidentes mais humanos que eu já conheci. Ele não criava pressão quando não era necessário e entendia os diferentes pontos de vista de seus colaboradores. Era extremamente diplomático e sabia gerenciar seus líderes e liderados. Sem sombra de dúvida, ainda havia líderes dignos de admiração, mas era necessário garimpar para que pudessem ser lembrados. Tive outros bons líderes, como Valmir Fernandes, da Cinemark, Milton Amoroso, da Novartis, Mauricio Alcântara, da Baxter, Paulo Nunes, da Laureate, entre outros, mas posso dizer que, ao longo dos meus 20 anos de carreira corporativa, 20% eram bons líderes e 80% apenas chefes, nada humanos e para os quais falar de propósito era desperdício de tempo. Mesmo em empresas em que o departamento de recursos humanos era atuante, os líderes dentro da área financeira ou os presidentes das organizações eram sempre focados em resultado de curto prazo, para estabelecer uma boa relação com seus superiores em vez de focar em uma boa liderança para colher resultados financeiros como consequência.

Após essa longa conversa sobre liderança e caminhando entre os campos de canola e extensos bosques da Espanha, eu me deparei com uma construção, um abrigo e uma tenda para peregrinos. Esse abrigo era administrado pelo David, um peregrino que tinha como propósito de vida criar um ambiente no qual os peregrinos que por ali passassem se sentissem acolhidos. Ele era o presidente desse ambiente e tinha como missão apenas acolher as pessoas. Obviamente, explorei esse líder e esse grande ambiente em meio ao vazio e as vastas plantações amarelas desse pedaço do caminho de Santiago.

Quase como em uma entrevista, eu queria explorar esse ser humano que dedicava sua vida a acolher as pessoas. Uma de suas crenças era que sem os peregrinos o caminho de Santiago certamente deixaria de existir, e que sem os peregrinos ao longo da história esse caminho jamais teria existido. Com essa premissa, David cuidava desse espaço como se fosse um chamado. Ele sabia do valor de cada um que passava por aquele ambiente e proporcionava o melhor que tinha para mostrar aos peregrinos o quanto eles eram importantes para que esse caminho se mantivesse vivo. David tinha plena consciência de que era responsável por um pedaço desse caminho, mas cuidava do seu espaço como se fosse o único e sabia que fazia parte de um todo. Ele sabia que, dando o seu melhor para aquele trecho do caminho, estaria contribuindo para algo maior, principalmente para a vida das pessoas que por ali passavam. Ele tinha como propósito deixar um legado, doando a sua vida e o seu espaço para proporcionar aos peregrinos um momento de acolhimento. Nesse espaço havia locais para descansar, água, frutas e até almoço para quem desejasse almoçar com ele. David vivia naquele local, que era extremamente simples, porém, comparado aos espaços vazios em meio à plantação, poderia ser chamado de oásis. Tudo depende do ponto de vista do observador. Ele denominava esse espaço de La Casa de los Dioses, mas qualquer semelhança com as regras beneditinas é pura coincidência. Ele não era religioso. Era apenas um ser humano que dedicava a sua vida a acolher outros seres humanos iguais a ele.

O próprio David citava uma frase, cujo autor desconhecia, que dizia: "O que fazemos não é mais que uma gota no oceano, mas, se essa gota não estivesse ali, faria muito falta".

Segundo seus preceitos, quando se começa um caminho, não há como parar. Para quem começa um caminho buscando o melhor dentro de si, não há mais fim. Quem começa um caminho de crescimento está sempre querendo algo mais. Sempre há espaço para crescimento. A entrada do templo da sabedoria é o conhecimento de nossa própria ignorância. Ignorância essa que, quanto mais sabemos, mais temos a certeza de que não sabemos nada. Esse é o nosso caminho. O caminho da busca pela elevação de conhecimento e por crescimento, não sozinhos, mas levando quem está ao nosso lado. Essa é a pura essência da liderança.

David simplesmente estava presente em um local onde todos buscavam o melhor, e ele entregava o pouco que tinha da melhor forma possível e gratuitamente. Segundo ele, não há dinheiro algum que pague o que ele está fazendo, pois dedica a própria vida a essa causa. Nesse momento eu me lembrei de nossos líderes políticos e da verdadeira essência da palavra "político", que tem origem no termo grego "*Politiká*", uma derivação de *polis* e *tikós*, que significam "o que é público" e "o bem comum", respectivamente. Essa origem aponta para um forte indício de que um político deveria administrar os bens públicos de forma a criar um bem comum para a maioria da população, sem interesse próprio envolvido. Em vez disso, nossos líderes estão muito próximos do egoísmo e de ações que deixam a população longe do bem comum. Enquanto não tivermos líderes políticos que pensem no bem comum antes do próprio benefício, teremos o resultado financeiro como o principal objetivo, ausência de equilíbrio social, baixo coeficiente de felicidade e alta desigualdade. Um líder precisa ser político e pensar no bem comum de toda a organização ou nação. Assim eram a tenda Casa dos Deuses e seu presidente David.

Ao passar pela Casa dos Deuses, eu me senti especial e me lembrei do conceito dos beneditinos, que recebem todos os peregrinos como se fossem o próprio Cristo. David definiu os deuses como todos os peregrinos que passavam por ali. Pude imaginar uma empresa ou uma nação com líderes como ele, que recebem os colaboradores ou cidadãos como se fossem deuses, com compaixão e empatia, e extraindo o melhor de cada um. Como seria nosso mundo? Qual seria o resultado alcançado de uma empresa que extrai de seus colaboradores o melhor, tendo na ponta da hierarquia um líder humano que simplesmente lidera com servidão? O que os líderes estão fazendo por suas organizações ou nações? Qual o legado que estão deixando?

Cheguei a Astorga e fui visitar o palácio de Gaudí, uma obra arquitetônica que impressiona. Entrei na catedral de Astorga e tomei um vinho na praça central da cidade. Visitei os principais pontos turísticos e fui me preparar para mais uma etapa da caminhada.

CAPÍTULO 24.
Vigésimo dia de caminhada

De Astorga até Foncebadón

> *A ausência de responsabilidade de um líder pode impactar além do que se pode imaginar.*

Após um belo dia de lições de bondade e propósito com David e uma ótima noite de sono em Astorga, o destino do dia era Foncebadón, um pequeno povoado no alto de uma montanha com um clima bem hostil e apenas oito moradores. Foi fundado no século X e já tinha sido uma cidade importante, porém suas condições climáticas acabaram espantando os moradores. Há uma lenda que conta que, quando a cidade ainda era próspera, um cigano lá chegou pedindo abrigo. A população da época não só expulsou o cigano da vila como também o linchou até a morte na fogueira (como era costume na época). Porém, antes de sua morte, o cigano rogou uma praga contra Foncebadón, de que a vila morreria com seus habitantes e nada mais prosperaria naquelas terras, a não ser o próprio demônio em forma do cão raivoso. O fato é que Foncebadón conta atualmente com poucos habitantes, e muitos peregrinos até hoje evitam passar pelo local com medo de encontrar tais cães raivosos. Segundo a lenda, muitos já tiveram a oportunidade de encontrá-los.

Verdade ou não, eu queria pousar em Foncebadón e aproveitar o ambiente da vila por uma noite. Então saí de Astorga a caminho de Foncebadón antes das 6 horas da manhã. O amanhecer nesse dia foi um dos mais belos que eu já vi e, ao lembrar do dia anterior, pensei como seria diferente o mundo se os líderes passassem por esse caminho. Há muitos aprendizados que estão nos lugares mais inusitados, como dentro do nosso próprio ser, em busca de conhecimento.

No decorrer do dia e após uma parada para um café, encontrei novamente meu amigo Javier e seu cajado improvisado e único, que havia encontrado ao longo do caminho. Decidimos caminhar juntos e conversar um pouco quando ele encontrou um vendedor de cajados. É inusitado encontrar alguém que vende cajados nos dias de hoje. Acredito que, se é possível vender cajado, é possível vender qualquer tipo de produto, ainda mais medicamentos, em uma sociedade doente. Lembrei dos meus tempos de vida corporativa e dos orçamentos de vendas não atingidos pela empresa. Claro que as lideranças das equipes de vendas com que tive contato eram as mais diversas possíveis, mas nenhuma tratava os vendedores de forma a explorar seu potencial máximo. Lembro-me de um diretor de vendas que conheci. Ele tinha uma capacidade imensa de não ir a reuniões em que eram definidas as vendas, era o time dele quem definia o orçamento de quanto venderiam nos respectivos meses do ano. Claro que, sem o comprometimento do diretor, as vendas não eram alcançadas e, como explicação para tais variações, ouvíamos sempre a mesma frase: "Não fui eu quem definiu esse orçamento e não sei de onde veio esse número". Isso me fez recordar o vendedor de cajados, que não tinha orçamento, vendia o quanto era capaz de vender ou produzir. Produzir, vender e entregar. Esse era o processo desse vendedor de cajados, assim como em uma grande indústria. O processo é simples e igual.

O vendedor de cajados me fez perceber que ele era o presidente de sua própria empresa, sendo ele também o diretor industrial e o diretor de vendas, responsável pela previsão das vendas e execução. Ele só vendia o que era capaz de entregar, ou melhor, só vendia o que produzisse. Algumas reuniões de *Sales & Operations* (reunião que a área de vendas conduz juntamente com a de logística para fazer o planejamento de produção e importação) em empresas convencionais são motivos de acusações entre os departamentos, e perde-se muito tempo com discussões infrutíferas. Nessas reuniões, dificilmente os departamentos trabalham para um bem comum. Já as reuniões entre o produtor de cajados e ele mesmo eram de fácil conclusão. Se todos os departamentos tivessem a consciência de ser um só, elas certamente apresentariam melhores resultados.

Pude entender como deveria funcionar uma reunião de vendas com o planejamento de produção ou importação. Vejamos. Se o diretor de vendas não sabe de onde veio o número do orçamento de vendas, imagine o que a área de logística precisa fazer para prever o quanto terá disponível no estoque para vendas. Dessa forma, o impacto de não ter uma boa liderança nas respectivas áreas é realmente alto. O agravante é que a área de logística dessa grande empresa estava sob responsabilidade do diretor financeiro, que sequer queria entender que a área de vendas planejou vender um cajado de 80 centímetros e isso foi o que o departamento de logística importou, mas no final vendeu um cajado de 60 centímetros, e, claro, não tinha estoque para isso, prejudicando o cliente final, que não recebeu o produto. Depois dessa analogia com o mundo corporativo, eu pergunto: por que os líderes não conversam entre si como seres humanos e assumem sua posição de responsabilidade, a qual lhes foi atribuída?

Javier comprou um cajado para presentear seu pai, e seguimos caminhando até chegarmos a Foncebadón.

Após uma longa subida de quase 1.500 metros de altitude, alcançamos nosso destino. Eu tinha como meta dormir nesse vilarejo, então procurei o albergue da grande cidade, e Javier seguiu caminhando até seu próximo destino. Assim é o caminho de Santiago, e assim é a vida. Eternos encontros e desencontros, mas o importante é tirar aprendizados dessas situações. Aprendi muito com diretores de vendas que não assumem o número. Se o orçamento não é do diretor de vendas, imagine se seria de sua equipe.

No povoado de Foncebadón, fiquei hospedado no único albergue local, um albergue de donativos, ou seja, paga-se quanto acha que deve pagar ou quanto puder pagar. Até esse momento, eu só havia me deparado com muita generosidade e gentileza, mas estamos lidando com seres humanos e nem tudo nesse mundo é perfeito. O caminho de Santiago também é um mundo real e nem todos os peregrinos são imbuídos dos mesmos valores. Juan, que era o responsável pelo albergue, comentou sobre a falta de comprometimento dos peregrinos para com o albergue e disse que a palavra "donativo" não era o mesmo que gratuito, até porque ele preparava e servia o jantar para os peregrinos sem cobrar absolutamente nada. É uma total falta de bom senso não doar nada em troca de hospedagem e um jantar, não é mesmo? Pois é, havia pessoas que não doavam absolutamente nada. É um contraste em que é difícil acreditar. Enquanto alguns doam sua vida para aqueles que mais precisam, outros, que têm condições de doar, não retribuem com o que podem. Não estávamos falando de valores altos, bastavam 5 euros. O caminho de Santiago não é um destino caro para os viajantes, e é possível encontrar vários abrigos por 5 euros. O problema é que o egoísmo de alguns é tamanho que sequer pensam no próximo. Podemos comparar essas pessoas a alguns líderes que sequer pensam que um erro de seu trabalho ou a ausência de dedicação irá impactar outros profissionais – e, consequentemente, outras famílias –, os quais podem perder seu emprego por conta de resultados não atingidos, enquanto sabemos que, com um pouco mais de dedicação, é possível entregar um resultado melhor.

Tivemos um jantar comunitário com Juan, e todos nós, que estávamos hospedados no albergue de Foncebadón, fomos tomar um vinho na única venda que havia nesse povoado. A cidade foi resgatada das ruínas por esses empreendedores, que decidiram reabrir o velho albergue, que antes era um hospital, e pelo dono desse único bar, um empreendedor que acreditou em seu projeto e reabriu um velho bar.

Depois de um vinho local e de algumas conversas, voltei para o albergue a fim de me recompor para o dia seguinte. Afinal, passaria pela Cruz de Ferro.

CAPÍTULO 25

Vigésimo primeiro dia de caminhada

De Foncebadón até Ponferrada

> *A fé que nos guia elimina o fardo pesado de nossas preocupações.*

Decidi dormir um pouco mais nessa manhã e acordei perto das 7 horas. A primeira parada do dia seria na Cruz de Ferro, um monumento composto por um poste de madeira de 5 metros de altura que sustentava em sua ponta uma cruz de ferro. O ponto mais alto do caminho de Santiago, a mais de 1.500 metros de altitude, traz algumas histórias e lendas. Dizem que, quando a Catedral de Santiago de Compostela estava sendo construída, pediram aos peregrinos, como um ato de contribuição, que cada um levasse uma pedra para poder compor e construir a catedral. Verdadeira ou não, a tradição diz que, quando se leva um peso desde sua origem e o deixa na cruz de ferro de maneira simbólica, se está deixando junto com ele todo o sofrimento levado até aquele ponto, visto que o peregrino teve de carregá-lo até ali. Além disso, como se trata do ponto mais alto do caminho, desse local é possível avistar a região da Galícia, separada do estado de

León. Dessa forma, a cruz de ferro é vista como um divisor de dois mundos, o da província de León, deixado para trás após a escalada, e a Galícia, província de ótimas comidas e lindos bosques a que se chega por uma descida.

Na noite anterior, separei os objetos que havia carregado até aquele momento para deixar na Cruz de Ferro. Verdade ou não, carreguei esses fardos até aquele ponto, mas confesso que já havia deixado muito peso durante o caminho e, claro, carregado pesos de aprendizados, sabedorias e muita experiência durante a caminhada.

Deixei na Cruz de Ferro alguns objetos de amigos — Peterson, Marcão, Gilberto e Didi —, além de uma pedra e um escapulário que um peregrino me pediu para carregar por ele. Deixei esses objetos juntamente com o pedido dos meus amigos. Não sabemos da verdadeira lenda, mas a fé que temos no futuro nos tira o peso que carregamos nos ombros por conta do nosso passado. A esperança e a luta pelo próximo passo nos deixam mais perto do que desejamos alcançar, e as experiências do passado só nos levarão para o mesmo lugar aonde chegamos até então. Portanto, a melhor alternativa é sempre olhar o novo mundo como uma chance do novo, e esse foi o aprendizado daquele momento, além de toda a energia que compõe esse lugar.

Exceto pela lenda que carrega a Cruz de Ferro, a visão que se tem de cima do Morro de Iraci é uma das mais lindas desse trajeto. É possível enxergar desde a província de León até o verde da Galícia.

Depois disso, passei por uma cidade chamada Molinaseca. Um verdadeiro cenário de filmes de faroeste, com casas de pedra e bares dignos de filmes de Hollywood. Nesse local encontrei uma senhora americana que estava percorrendo o caminho de Santiago apenas por esporte, mas isso só até chegar à Cruz de Ferro. Quando passamos pela cruz, ela comentou que os pensamentos que tinha sobre a vida mudaram completamente e que começou a viver o hoje, deixando o peso do passado de lado e percorrendo pequenos passos, pois a soma deles faria com que ela chegasse mais longe. Esses pensamentos são muito simples e provavelmente recorrentes em livros de liderança, mas o difícil é colocar em prática em nosso dia a dia. Depois de uma experiência como o caminho de Santiago, tais ensinamentos começam a ser incorporados em nossa vida de forma automática. Essa é a provocação deste livro. Se todos os líderes fizessem o caminho, incorporariam esses ensinamentos e passariam a vivê-los.

Deixei minha amiga americana para trás e segui caminhando, visando ao objetivo do dia. Comecei a descer a montanha em direção à Galícia e em uma descida brusca encontrei um canadense, o senhor Wilson, que tinha seus 87 anos de idade e estava caminhando havia mais de 30 dias, seguindo todo o percurso desde Saint-Jean, carregando sua própria mochila e mostrando uma saúde invejável. Ele estava acompanhado de sua neta, filha e esposa. Perguntei se ele precisava de ajuda e ele, de forma direta, me respondeu que, se precisasse, teria pedido. Este é o espírito do caminho: oferecer ajuda e, caso o outro peça, ajudar.

Após esse dia, deixamos o mundo de León para trás e já avistamos o mundo da Galícia. Cada passo dado valeu a pena, já podíamos avistar a província do objetivo final. Ainda faltavam dois dias de caminhada para chegarmos à Galícia, mas a simples ideia de que tínhamos cumprido mais de três quartos da caminhada já era um fator motivacional. A jornada começou com apenas o primeiro passo e já estava quase no final.

CAPÍTULO 26
Vigésimo segundo dia de caminhada

De Ponferrada até Villafranca del Bierzo

> *Sonhe e siga o caminho, pois ele sempre o surpreende.*

O cenário desse dia era muito parecido com os que vi em Molinaseca e Foncebadón. Vilas de pedras e cenários medievais abandonados que pareciam filmes de faroeste em meio a videiras e cenários incríveis de agricultores cuidando de suas culturas de uvas.

Foi um dia de agradecer muito e de receber alguns presentes em decorrência da solidariedade dos que cercam o caminho de Santiago. Comecei a caminhada logo cedo, mas não tinha mais o meu famoso sanduíche de café da manhã. Iniciei meu dia pouco antes das 7 da manhã, com temperatura de 7 graus Celsius. Nesse horário, todos os cafés ainda estavam fechados, mas eu estava com muita fome. Caminhei por aproximadamente uma hora e meia até encontrar o primeiro bar aberto para tomar o café da manhã. Pedi um café com leite e um *croissant*. Havia um senhor espanhol sentado ao meu lado que também havia pedido um *croissant*. Comi rapidamente o meu e ainda estava faminto. Sem hesitar e, obviamente, sem que eu pedisse, o senhor, percebendo que eu era peregrino, fez questão de me ceder o *croissant* dele. Comentei que não era necessário, mas ele fez questão de me oferecer e eu fiquei sem jeito de negar. Ele comentou que, se eu negasse, tiraria a chance dele de me oferecer um pão. Muitas vezes nosso orgulho não nos deixa aceitar uma ajuda. Em certos momentos não sabemos alguma informação e, por medo de minimizar nosso ego, dizemos que sabemos, negando ajuda. Isso nos tira a oportunidade de alguém nos fazer o bem. Devemos deixar as oportunidades de ajuda acontecerem e vencer nosso orgulho. Essa foi a lição aprendida durante a manhã.

Para que um possa doar, o outro deve aprender a receber. A mesma importância que tem o ato de doar tem o ato de receber a doação. Como somos todos iguais, não importa o papel que estamos desempenhando em nossa vida, pois tudo não passa de um papel temporário. Hoje podemos estar na condição de doador e amanhã na posição contrária, portanto, quando estiver em posição que lhe permite doar algo, saiba que você pode também estar recebendo sem nem mesmo perceber.

Após esse maravilhoso desjejum, regado com um café com leite e a bondade de um morador local, continuei minha caminhada pelas belas plantações de uva e pelos bosques da região. A paz desse trajeto traz uma sensação que merece atenção. Estamos com os ouvidos abertos para os sons da natureza e para todas as informações que vêm com a tradição e a história desse lugar. Há mil anos, quando esse caminho era rota principal entre Jerusalém e Santiago, a população do mundo girava em torno de 300 mil pessoas. Atualmente, somos quase 7 bilhões e estamos nos acumulando em meio a enormes cidades, nos amontoando nos trânsitos infernais e grandes desperdiçadores de tempo, em estações de metrô e trens lotados, em cidades verticais, vivendo cada vez mais em espaços menores e sem contato com a natureza. Isso nos torna cada vez mais robotizados e nos deixa com o senso de sobrevivência mais apurado, competindo com o próximo por um lugar ao sol ou um cargo no trabalho.

La humanidad sufre las consecuencias de su progreso incontrolado... cuando conseguiremos armonizar ciencia y naturaleza?[14]

Essa frase estava escrita em uma bela pintura em uma das paisagens em meio à natureza nessa parte do caminho. O grande problema com nossa liderança é que estamos ficando cada vez mais distantes de nossa natureza. Quando se entra em uma discussão sobre a humanidade estar ou não avançando para a evolução, confesso que essa afirmação me provoca questionamentos. Está, sim, avançando, mas quanto está nos custando esse avanço? Temos hoje uma riqueza algumas vezes maior que a do século IX, ou seja, mais de mil anos atrás. Mas quantas pessoas ainda morrem de fome nos dias de hoje, mesmo com toda a tecnologia de plantio? Ainda assim, com todo o cenário de ausência de liderança e de senso de humanidade pelo qual passamos, o mundo está repleto de pessoas boas. Caso você não encontre nenhuma delas, seja uma.

Essa caminhada começou com um grande sonho. Aprender e agradecer pela vida. Passei por momentos incríveis até este ponto da minha vida. Existem alguns líderes que são admiráveis sob o ponto de vista da realização de sonhos. Em uma palestra com um grande empresário de uma das maiores cervejarias do mundo, ele comentou que, dos 100% da realização do êxito de se tornar a maior cervejaria do mundo, aproximadamente 70% correspondiam a ter esse grande sonho e 30% a aprender com os erros. Essa cervejaria é bastante conhecida por redução de custos e por extrair o máximo de seus colaboradores. Não necessariamente compartilho de uma liderança de alta pressão por resultado, mas, ao chegar a esse momento da caminhada, posso afirmar que, onde há um sonho, sempre há um caminho para alcançá-lo. O sonho é a parte mais difícil do objetivo. O importante é sonhar e seguir o caminho, pois ele sempre surpreende.

---

14. "A humanidade sofre as consequências de seu progresso descontrolado... Quando conseguiremos harmonizar ciência e natureza?" [Tradução minha]

Eu havia caminhado com meu amigo Javier por muitos dias seguidos. Quando decidi ficar em Foncebadón, me perdi dele, mas ele resolveu me esperar em Villafranca. Foi uma surpresa, pois confesso que não esperava que ele deixasse de caminhar um dia para me reencontrar. Além disso, ainda tinha o risco de não nos encontrarmos, pois não estávamos com os celulares conectados. Eu usava o celular apenas nos albergues, por alguns minutos, para responder a mensagens de WhatsApp e postar poucas fotos em redes sociais. Encontrei Javier assim que cheguei à entrada de Villafranca, sentado em um muro, esperando à beira do caminho, para que eu não passasse direto e ele pudesse me ver. Foi uma grande surpresa, pois era meu companheiro de longas conversas e caminhadas.

Ficamos hospedados em um local chamado Ave Fênix. Segundo a mitologia egípcia, a fênix representa a imortalidade e os ciclos da natureza. De acordo com o mito, quando sentia que ia morrer, a fênix montava um ninho com incenso e outras ervas para ser incinerada junto. Das cinzas da fênix nascia uma nova ave. Essa simbologia também foi adotada pelos romanos. O albergue Fênix tinha essa filosofia e respeitava muito os ciclos e a natureza. Toda a alimentação lá servida era colhida da própria horta do Jesus, dono do albergue e amigo de Paulo Coelho. Tivemos um jantar comunitário no albergue, que ele próprio preparara: um cozido de legumes com pão. Foi um jantar bem especial. Jesus fez questão de perguntar a história de cada um, e podia-se sentir a solidariedade e o respeito pelo ciclo nesse jantar. Havia uma placa na sala de jantar que continha sempre o menu do dia. Nesse dia, a placa dizia o seguinte: "Luz, paz e amor".

CAPÍTULO 27

Vigésimo terceiro dia de caminhada

De Villafranca del Bierzo até O Cebreiro

> *Ser humano é ser HUMANO. É ser gente como a gente, como ele, como ela e como nós.*

O albergue Fênix não estava muito cheio, até porque Villafranca não é um destino tão procurado por peregrinos para dormir. Existem vários guias do caminho de Santiago, mas eles geralmente são receitas prontas que mostram o melhor trajeto. Contudo, o que é melhor para o guia não necessariamente é o melhor para a minha experiência, logo, não sou muito a favor de seguir guias ou receitas prontas. É como uma receita de liderança. O que será útil para uma pessoa será básico demais para outra, portanto, meu maior aprendizado do caminho de Santiago até esse momento é que precisamos ter um propósito que nos deixe mais próximos de nosso objetivo. Simples assim. E todos nós temos um destino em comum, que é a passagem desta vida, e, em vida, o objetivo de ser feliz. Se todos somos humanos, todos temos esse objetivo.

Podemos concluir, dessa forma, que, para exercer uma liderança bem-sucedida, é preciso ser humano. Nesse novo dia tive a felicidade de refletir sobre o que é ser humano, e aqui estão algumas regras simples para isso:

1. Você receberá um corpo. Pode ser que não goste dele, mas ele será seu durante toda a sua existência na terra. Cuide dele como se fosse seu eternamente.
2. Aprenderá lições. Você está em uma escola informal de horário integral chamada vida. A cada dia você terá a oportunidade de aprender uma lição nova nessa escola. Pode ser que você não goste das lições, mas, infelizmente, o que você pensa é irrelevante e insignificante.
3. Não há erros, apenas lições. O crescimento é um processo de ensaio, erros e experimentos. Os experimentos fracassados são uma parte do processo tão importante quanto o experimento que realmente funciona.
4. Uma lição se repete até que se aprenda. A lição da vida se apresentará de diversas formas, até que seja realmente aprendida. Quando você aprender aquela lição, poderá passar para a próxima.
5. As lições durante a vida não têm fim. Não há situações na vida que não contenham uma lição. Se você está vivo, tem lições para aprender.
6. Ali não é melhor que aqui. Quando você estiver no "ali", ele estará automaticamente convertido no "aqui", então terá outro "ali" que parecerá melhor que "aqui".
7. As pessoas são espelhos de nós mesmos. Não se pode amar ou odiar outra pessoa, a menos que reflita aquilo que odiamos ou amamos em nós mesmos.
8. O que fazemos da nossa vida depende apenas de nós. Temos todas as ferramentas e os recursos de que precisamos para viver. O que fazemos com eles é sempre escolha nossa.

9. As respostas nascem no nosso interior. As respostas para as perguntas estão sempre dentro de nós. Perguntamos e, para ter a resposta, devemos apenas escutar e confiar.
10. Esqueça a décima regra.

Essas regras de ser humano são simples e fáceis de serem decoradas. Devemos pensar que sempre "estamos" e nunca "somos" uma determinada posição. Estamos CEO, estamos diretores, estamos prefeito, presidente etc., mas não somos. Enquanto estivermos em vida, seremos apenas seres humanos, e se nos relacionarmos pensando que estamos lidando com outro ser humano, a relação fica respeitosa, transparente e de fácil trato.

Nesse dia, a caminhada começou com uma bela reflexão sobre ser humano. Decidi seguir pela rota alternativa, pois nesse momento do caminho há duas opções: a primeira pela rodovia e a segunda pelas montanhas. Como gosto muito de natureza e queria distância de carros e avenidas, decidi ir pelas montanhas. Eu me perdi e tive de caminhar 1,5 quilômetro adicional, mas valeu cada passo. A vista de cima das montanhas cobertas por violetas e outras flores coloridas proporcionava uma imagem que nem a melhor das câmeras fotográficas seria capaz de registrar. Foi uma experiência incrível. As flores estavam lindas e iam perfumando e colorindo o caminho, em meio às vilas e enormes castanheiras. O nosso caminhar entre as vilas na parte da manhã acordava os cachorros, que começavam a latir e, consequentemente, acordavam os moradores. Eram vilas pequenas, povoadas, muitas vezes, pela própria família. Ao passar por uma vila cercada de castanheiras, uma senhora acordou com o latido do cachorro e me ofereceu um café da manhã. Aceitei sem hesitar. Dentro da casa estavam ela e o marido preparando o café. Eles me ofereceram um ovo mexido com bacon, extraído de um porco abatido dois dias antes. O bacon estava fresco e os ovos eram caipiras, da criação de galinhas que eles tinham no terreno. Aquele café da manhã estava simples e maravilhoso. Conversei com o casal por mais de uma hora, explorando esse estilo de vida diferente. Eles trabalhavam no verão para conseguir se manter no inverno rigoroso do alto das montanhas. Cortavam lenha, colhiam castanhas, estocavam alimentos para passar o inverno sem preocupação. Possuíam uma pequena plantação de uva e produziam o próprio vinho, ainda à moda antiga, pressionando as uvas com os pés. Eles me serviram uma torta de castanha que era simplesmente deliciosa e, como não sou de ferro, provei também o vinho que eles produziam. Tudo muito simples, caseiro e de ser humano para ser humano. Uma verdadeira experiência de vida. O casal me contou a história da filha deles, que saiu daquela pequena vila para estudar medicina em Madri. Ficou alguns meses na capital e já estava com a intenção de voltar à vida na cidade pequena, pois a integração com a natureza fazia bem a ela e, em uma cidade grande como Madri, essa integração era mais difícil. Foram bons momentos de troca de experiências. Nesse período em que conversávamos, Javier passou pela rua da pousada, e o alarme chamado cachorro foi acionado. Ele também desfrutou do café da manhã conosco e da troca de experiências com aquele casal tão simpático e hospitaleiro.

Seguimos juntos nossa caminhada e conversamos sobre aquela experiência. Não é todo dia que um casal abre as portas da própria casa para hospedar e oferecer um café para dois peregrinos que sequer conhecem. Somente um ser humano pode ter essa atitude.

Depois de algumas horas de caminhada, chegamos à Galícia, a 160 quilômetros de Santiago. No início da caminhada, estávamos a quase 900 quilômetros de distância de Santiago e, agora, eram apenas 160. Enfrentamos uma subida íngreme e, após quase 2,5 longos quilômetros, chegamos à cidade de O Cebreiro. Esta é uma das etapas mais difíceis da caminhada, mas a recompensa é enorme. Vale a pena conhecer essa cidade cheia de lendas e milagres. Para contextualizar, O Cebreiro é uma região que começou com os celtas e suas *pallozas*, construções circulares feitas com pedras e teto de palha com uma inclinação perfeita, para suportar o peso da neve e fortes ventos, afinal O Cebreiro está a 1.300 metros de altitude. Esse povoado é inteiro restaurado, e ainda existe uma *palloza* totalmente conservada.

Devido a esse clima frio e de muita neve, diz a lenda que o primeiro milagre aconteceu em 1300. Um camponês chamado Juan Santin subiu as montanhas geladas e íngremes, sob muita chuva, frio e neve, para assistir a uma missa. Caminhou desde Barxamaior, que fica a aproximadamente 2,5 quilômetros de distância. O padre ficou surpreso quando entrou na paróquia e viu que havia um camponês para assistir à missa naquele dia frio e chuvoso, pois estava seguro de que ninguém enfrentaria o clima hostil somente por conta de uma missa. Admirado, o padre pensou com ele mesmo: "Pobre camponês. Enfrentou frio e chuva, vento e neve para assistir a uma missa apenas para ver um pouco de pão e vinho! Não vale a pena". Deus escutou os pensamentos desse padre e o puniu, transformando a hóstia em carne e o vinho em sangue. O cálice desse milagre se encontra até hoje na igreja, conhecido como Santo Graal da Galícia. Dentro da mesma igreja, a Santa Virgem dos Remédios, para ver o milagre que tinha acabado de acontecer, inclinou a cabeça para o altar, e até hoje sua imagem está no interior da Capela Santo Milagre. A lenda ainda diz que, em 1486, os reis católicos Isabel e Fernando passaram por O Cebreiro na volta de Santiago, decidiram levar o cálice, mas, quando a carruagem real chegou a Pereje, um pouco depois de O Cebreiro, os cavalos pararam e ninguém conseguiu fazer com que eles continuassem a viagem. Isabel percebeu, então, que esse era um forte sinal de que ela estava cometendo um grande erro e decidiu ordenar ao cocheiro que voltasse para devolver o cálice. Os cavalos imediatamente obedeceram à ordem, de maneira amável. A rainha então devolveu o cálice e ainda doou uma redoma de cristal para conservá-lo. Quando foram embora de O Cebreiro, passaram por Pereje, mas os cavalos seguiram viagem desta vez.

O Cebreiro é uma vila de muitos encantos, e o pôr do sol nesse lugar é imperdível, assim como seu queijo cremoso com mel, mas o melhor é a oração d'O Cebreiro, que tem os seguintes dizeres:

ORACIÓN DE O'CEBREIRO

Aunque hubiera recorrido todos los caminos,
cruzando montañas y valles,
desde Oriente a Ocidente;
Si no he descubierto la libertad de ser yo mismo,
No he llegado a ningún sitio.

Aunque hubiera compartido todos mis bienes,
con gente de otra lengua y cultura,
hecho amistad con peregrinos de mil senderos
o compartido albergue con santos y príncipes;
Si no soy capaz de perdonar mañana a mi vecino,
No he llegado a ningún sitio.

Aunque hubiera cargado mi mochila desde principio a fin
y esperado por cada peregrino necesitado de mi ánimo;
O cedido mi cama a quien llegó después
y regalado mi botellín de agua a cambio de nada;
Si de regreso a mi casa y mi trabajo no soy capaz
de crear fraternidad y poner alegría, paz y unidad,
No he llegado a ningún sitio.

Aunque hubiera tenido agua cada día
y disfrutado de techo y ducha todas las noches,
o hubiera sido bien atendido de mis heridas;
Si no he descubierto en todo ello el amor de Dios,
No he llegado a ningún sitio.

Aunque hubiera visto todos los monumentos
y contemplado las mejores puestas de sol,
o probado el agua limpia de todas las fuentes;
Si no he descubierto quien es el autor
de tanta belleza gratuita y de tanta paz,
No he llegado a ningún sitio.

Si a partir de hoy no sigo caminando en tus caminos,
buscando y viviendo según lo aprendido;
Si a partir de hoy no veo en cada persona,
amigo y enemigo, un compañero de camino;
Si a partir de hoy no reconozco a Dios,
el Dios de Jesús de Nazaret, como el único Dios de mi vida,
No he llegado a ningún sitio.[15]

Exceto pela questão religiosa, pois não é o intuito deste livro, a oração resume exatamente o que é ser humano.

---

15. "Oração d'O Cebreiro / Ainda que tenha percorrido todos os caminhos / Cruzando montanhas e vales / Do Oriente ao Ocidente / Se não descobri a liberdade de ser eu mesmo / Não cheguei a lugar algum. / Ainda que tivesse repartido todos os bens / Com gente de outra língua e outra cultura / Feito amizade com peregrinos de mil caminhos / Ou então compartilhado albergues com santos e príncipes / Se não sou capaz de perdoar o meu vizinho / Não cheguei a lugar algum. / Ainda que tenha carregado a mochila desde o primeiro dia até o último / E esperado por cada peregrino que precisava do meu espírito / Ou então cedido a minha cama para quem chegou depois / Ou presenteado a minha garrafa de água a troco de nada / Se na volta do meu trabalho para minha casa não sou capaz / De criar fraternidade, colocar alegria, paz e unidade / Não cheguei a lugar algum. / Ainda que tenha tido água todos os dias / E desfrutado de um banho todas as noites / Ou então tenha sido bem cuidado das feridas / Se não descobri em todos os elos o amor de Deus / Não cheguei a lugar algum. / Ainda que tenha visto todos os monumentos / E contemplado os melhores pores do sol / E bebido água limpa de todas as fontes / Se não descobri quem é o autor / De tanta beleza gratuita e de tanta paz / Não cheguei a lugar algum. / Se a partir de hoje não seguir caminhando no seu caminho / Buscando e vivendo segundo o que aprendi. / Se a partir de hoje não vejo em cada pessoa / Amiga ou inimiga, um companheiro de caminho / Se a partir de hoje não reconhecer a Deus, / O Deus de Jesus de Nazaré, como o único Deus de minha vida / Não cheguei a lugar algum." [Tradução minha.]

CAPÍTULO 28
Vigésimo quarto dia de caminhada

De O Cebreiro até Sarria

> *A expectativa é a fonte de tristeza do ser humano.*

Se os bosques e os cenários já eram bonitos até esse ponto, quando entramos na Galícia eles ficaram ainda mais belos. A Galícia é conhecida por seus lindos bosques, muita natureza e boa comida. Iniciei a caminhada cedo, como de costume, e com mais um amanhecer de tirar o fôlego no alto das montanhas em meio àquela paisagem exuberante. Caminhei pelos bosques, riachos, vi rebanhos de vacas e carneiros, plantações de videiras, figos e as mais variadas flores que se podem encontrar na natureza. Fiz a minha caminhada em abril, uma época que não faz nem muito frio nem muito calor, e considerei um bom tempo para desfrutar desse belo espaço na terra.

O destino era Triacastela, mas, como estava em plena forma física e aguentava caminhar um pouco mais, além de Triacastela não ter muitos atrativos, decidi seguir até Sarria. Atuei a vida inteira em planejamento financeiro e *business partner*. Quando fazia um planejamento em uma empresa, a única certeza que eu tinha era de que eu iria errar. Não podia errar nem por muito, nem por pouco, mas acertar um planejamento exato é um cenário completamente utópico. O importante é estar preparado para as possíveis surpresas. Assim foi nesse dia. Planejei ir até Triacastela, mas fui além. O plano era caminhar menos de 30 quilômetros, mas as informações estavam erradas e caminhei 37 quilômetros no total. Essa é a importância de estar preparado para os imprevistos que podem acontecer. Quando estava no meio do trajeto, havia uma marcação que dizia que faltavam 12 quilômetros até Sarria. Passei 12, 13, 14, 15, e somente com 19 quilômetros daquela placa cheguei ao meu destino. Quando avistei a placa inicial, criei uma expectativa, e nesse dia aprendi que **a expectativa é a fonte de tristeza do ser humano**.

Em meus anos de vida corporativa e de muitas experiências na elaboração de orçamentos de curto e longo prazo, excluindo as empresas mais sérias pelas quais passei, percebi que os números eram feitos para adiar a má notícia de que não era possível chegar ao resultado previsto. Eu sempre me perguntava por que não se dava a má notícia no momento do planejamento, para que todos se preparassem para o imprevisto e, dessa forma, ela não precisasse ser dada no ano seguinte. Nunca concordei com essa postura. Existia ainda o argumento de que, se o orçamento não for "puxado", os colaboradores se acomodam. Essa argumentação pode até fazer sentido, mas se for muito desafiadora e possivelmente inatingível irá desmotivar os colaboradores, que trabalharão desde o início com a sensação de insucesso. O que me incomodava é que os números eram feitos para satisfazer os "líderes" da matriz, e não com base na realidade do país e da empresa. A expectativa gerada em um orçamento era, na maioria das vezes, superior à realidade, e isso sempre causava tristeza em quem trabalhava duro para tentar chegar aos números pretendidos. Poucas foram as vezes em que tivemos de explicar números acima do orçamento.

Um grande aprendizado que tive ao longo da carreira foi prometer somente aquilo que consigo cumprir.

Depois de 37 quilômetros, chegamos a Sarria. No caminho francês de Santiago, partindo de Saint-Jean, o percurso de Sarria a Santiago representa os últimos 100 quilômetros. Essa trajetória garante a Compostelana, o certificado oficial emitido pela entidade de turismo da Galícia e pela administração da Catedral de Santiago de Compostela. É a prova de que você percorreu o caminho de Santiago de Compostela inteiro ou um trecho consistente dele. Esse trecho é o percurso final do trajeto e, por esse motivo, é natural que a concentração de peregrinos por ali aumente, porém há, claramente, uma mudança no clima do caminho e em especial nas características dos peregrinos. Até esse ponto, segundo minha percepção, os peregrinos que estavam fazendo o caminho eram mais voltados a aprendizados, busca do eu interior, cultura e boas conversas. De Sarria para frente, havia muitos católicos que buscavam percorrer esse caminho apenas para conquistar a Compostelana. Isso mudava drasticamente o propósito de cada um e, como consequência, o tipo de conversa, o tipo de relação e, claro, o clima do caminho. Já não havia mais longas caminhadas sozinho e muito menos aquele silêncio do início do trajeto. Com propósitos diferentes, era perceptível a diferença entre os peregrinos que iniciaram em Saint-Jean, ou mesmo em outros pontos, e aqueles que iniciaram em Sarria, porém estávamos a apenas 100 quilômetros de Santiago e poucos dias de caminhada.

Uma lição aprendida nessa cidade é que o propósito bem definido muda drasticamente as posturas, os comportamentos, as ações e as motivações.

Ficamos hospedados no monastério dos mercedários, um local com mais de 115 anos de história, mas, infelizmente, uma excursão com mais de 40 adolescentes fez da noite a mais barulhenta de todo o trajeto e, como o propósito havia mudado, confesso que desejava cumprir meu objetivo para poder concluir essa etapa. Eu já tinha vivido experiências maravilhosas no caminho e, como não sou católico, poderia ter pulado essa etapa, indo direto para Santiago de ônibus. Da próxima vez, pensarei seriamente em fazer isso, mas ainda bem que não fiz nesta primeira, pois o planejamento era caminhar até Santiago e eu ainda tinha muito o que aprender até chegar ao meu destino.

A Galícia é conhecida pelo seu cenário encantador e por seus pratos dignos do título de melhores do mundo quando se trata de frutos do mar. Comi um polvo à galega para comemorar essa aproximação de Santiago e fui dormir para tentar caminhar o máximo que conseguisse no dia seguinte.

CAPÍTULO 29

Vigésimo quinto dia de caminhada

De Sarria até Gonzar

> *Algumas vezes estamos líderes de outros, mas sempre seremos líderes de nós mesmos.*

A última noite me fez pensar que a primeira etapa para se ter um relacionamento é entender onde acaba o seu espaço e onde começa o do outro. Essa é uma relação simples à qual pouco prestamos atenção ao longo de nossa jornada. Muitos líderes e profissionais entendem que devem doar a vida para a empresa e cobram isso dos demais, sem entender que as experiências são diferentes, que os compromissos são outros e, principalmente, que as pessoas têm propósitos e pontos de vista diferentes. Nesse dia lembrei-me de uma frase clichê que diz que uma empresa é apenas um CNPJ (Cadastro Nacional de Pessoa Jurídica) formado por vários CPFs (Cadastros de Pessoa Física). Refleti sobre a mudança de propósitos das pessoas que estavam caminhando desde Sarria. Se eu fosse representar isso como empresas, de Saint-Jean até Sarria havia profissionais caminhantes em busca de crescimento, conhecimento, cultura e muitos relacionamentos com pessoas com o mesmo propósito e objetivo. O objetivo era único e todos estavam contribuindo para o crescimento do próximo por meio de histórias ou atenções providas. De Sarria até Santiago seria outra empresa, ou mesmo um feudo dentro da mesma empresa, interessada em conquistar a Compostelana e *listo*. Não pude deixar de comparar os diretores que foram meus pares ou meus superiores que estavam interessados apenas em salários, benefícios e, principalmente, bônus, deixando em segundo plano o crescimento do todo, da empresa, dos colaboradores e dele mesmo. Foram muitos casos assim em 20 anos de profissão.

Javier e eu saímos para caminhar, e foram 12 quilômetros sem fazer nem sequer uma pausa para água. Estávamos ansiosos para chegar a Santiago. Falamos a respeito da mudança de propósito das pessoas, e, claro, isso levava a uma disruptura imensa entre a primeira fase do caminho, que levava até Sarria, e a segunda fase, pós-Sarria. Apesar do ânimo de estar perto do fim do trajeto e prestes a alcançar o objetivo, havia uma energia nessa fase do caminho que eu sabia que era efêmera. Os aprendizados que tivemos até ali ficarão, mas a Compostelana era apenas um papel que se desfaria com o tempo.

Nesse dia conversamos sobre liderança servidora e teoria da linguagem. Um dos fatos que me chamaram atenção é que me lembrei de muitos *feedbacks* que recebi ao longo de minha jornada sobre a forma como eu dirigia a palavra a algum diretor ou outra equipe. Sempre defendi que o conteúdo deve ser mais forte que a forma, mas que, de fato, a forma fere o ego e o conteúdo atinge o pensamento. Quando não se pode argumentar com o pensamento, mudamos para argumentos baseados no ego, e então tudo se torna subjetivo e já não há mais argumentos, apenas pontos de vista, sem foco no objetivo e no conteúdo. O foco do conteúdo é alterado para a forma, e então mudamos a atenção. Lembro-me de uma passagem interessante em uma empresa na qual atuei que pagava o bônus dos representantes em 100% nos meses de janeiro, fevereiro e março, porque não se tinha a meta 100% estipulada nesses meses. Quando entrei na empresa, trabalhei com todo o meu suor para ter a meta estipulada para esses primeiros meses já no final do ano anterior. Acordamos essa mudança entre a diretoria e assim foi feito, inclusive comunicando toda a força de vendas, que concordou com a mudança e achava mais justo; porém, o diretor de vendas decidiu continuar pagando bônus de 100%, mesmo tendo o aval de sua própria equipe e tendo feito parte integrante da tomada de decisão. Para os que ficaram abaixo da meta foi ótimo, mas para os que ficaram acima não foi nada motivador. A média pode nos levar a uma conclusão bem precipitada sobre qualquer assunto. Quando a questão chegou ao meu conhecimento, fui procurá-lo para entender o motivo daquela decisão. Além de o questionamento não ter sido aceito com bons olhos, tive como resposta que janeiro é mês de pagamento de IPVA, IPTU e que no início do ano há muitas despesas, como a compra de material escolar para os filhos, então, por esses motivos, a empresa deveria pagar 100% do bônus. O assunto saiu do nível de argumentação pensada para chegar simplesmente ao ego, sem argumentação intelectual para a defesa de tal decisão. Por motivos como esse, sempre entendi que, se o propósito é o mesmo, a forma importa menos que o conteúdo. Estamos vivendo um momento de conflitos de gerações, e é claro que isso acaba impactando a liderança das nações e empresas, mas, ainda assim, com o propósito alinhado, todos estariam cientes das decisões necessárias para se alcançar o bem comum maior.

A linguagem, por mais explícita que seja, jamais irá substituir a energia de ter um objetivo em comum ou o mesmo propósito. O sentido da peregrinação não pode ser apenas um ato católico e a aquisição de um documento que prove a caminhada. O sentido da peregrinação é elevar os pensamentos, aprender, agradecer e ter sinergia com a vida e com tudo que rodeia o nosso mundo. O sentido da peregrinação é crescer. A caminhada deve ser vista como a vida. Aprendemos o tempo todo e assim devemos seguir até o último dia de nossa existência. Devemos nos oxigenar como ser humano e trocar informação o máximo que conseguirmos. Ceder o nosso conhecimento e dar espaço a novos aprendizados. Estarmos abertos para o novo e fazer corretamente nosso papel de ser humano. Algumas vezes estamos líderes de outros, mas sempre seremos líderes de nós mesmos.

Apesar de ter notado uma grande mudança nos peregrinos nos últimos 100 quilômetros, ainda estávamos em um lugar ímpar no mundo, um lugar que proporciona muitas experiências e aprendizados. No meio da nossa caminhada, ainda encontramos uma tenda de frutas, doces, bolos e vinho feito de forma caseira, também, por um simpático senhor chamado Josué. Ele era proprietário de uma residência em um vilarejo e abria as portas de sua casa para os peregrinos. Josué abrigava quem necessitasse de ajuda e ofertava comida, bebida e bolos em troca de donativos, caso o peregrino conseguisse pagar. Isso é muito comum ao longo do caminho de Santiago. Conversamos um pouco e até Josué, que era um profundo conhecedor dos peregrinos e levava essa vida havia mais de 50 anos, concordava que nos últimos 100 quilômetros o propósito é completamente alterado.

O mais importante de tudo até esse momento é que, **se cada ser humano seguir sua própria natureza e apenas "ser humano", buscando sua felicidade com compaixão, empatia, fraternidade e respeito, a convivência será pacífica.**

CAPÍTULO 30

Vigésimo sexto dia de caminhada

De Gonzar até Castañeda

> *Todos temos como objetivo ser feliz.*
> *Você está ou é feliz?*
> *Você sabe o que o faz feliz?*

Estávamos a pouco mais de 80 quilômetros de Santiago. Nesse momento, o ânimo de estar perto do objetivo começa a tomar conta e a excitação de levar os aprendizados para casa e repassá-los é imensa. Já não via a hora de chegar a Santiago e ter a etapa do caminho francês cumprida.

Acordei cedo e o dia estava extremamente frio. Não sei exatamente quantos graus, mas acredito ter sido um dos dias mais frios de toda a jornada. Paramos para tomar um café e mais alguém comentou sobre como as pessoas eram diferentes nos últimos 100 quilômetros da caminhada.

O nosso destino do dia seria Melide, porém esse era apenas um planejamento. Melide ficava a 51 quilômetros de Santiago e o meu objetivo era chegar lá em apenas dois dias, ou seja, eu teria de caminhar, em média, 41,5 quilômetros por dia. Se eu dormisse em Melide, precisaria caminhar 51 quilômetros no último dia e, se caminhasse um pouco mais, dividiria melhor esse fardo nos últimos dias.

Quando não temos o controle total da situação, não adianta pensar que tudo sairá exatamente conforme o planejado. No final do caminho há muita gente, e os albergues começam a ficar cheios. Passamos 5 quilômetros de Melide e Javier decidiu pousar, pois já estava chegando ao seu limite físico. Eu segui um pouco mais e 3 quilômetros adiante, quando já havia percorrido quase 40, decidi parar. Avistei o albergue municipal e, quando fui fazer meu registro, me informaram que estava lotado. Fiquei com um sentimento de frustração, pois já estava perto do meu limite físico, e o planejamento que tinha feito não deu certo. Há fatores externos que não controlamos e que podem afetar as tomadas de decisão. Ainda tinha fôlego para mais alguns quilômetros, então caminhei para procurar um albergue com vaga, o que encontrei somente na cidade de Castañeda. Esse albergue ficava a aproximadamente 40 quilômetros de Santiago, então eu tinha a certeza de que alcançaria meu destino no dia seguinte.

Cheguei ao albergue e cumpri com minha rotina. Tomei banho, lavei a roupa e fui descansar um pouco antes do jantar. Eu tinha levado para essa caminhada três camisetas, duas calças que viravam bermuda, um par de botas, um par de chinelos de dedo, quatro peças íntimas, três pares de meia e algumas expectativas. Estava levando de volta uma bagagem imensa que seria bem mais pesada, pois teria a responsabilidade de repassar a todos, de alguma maneira, o que vivi ao longo de minha caminhada. Aprendi algumas lições que jamais havia aprendido em nenhum treinamento de liderança. Aprendi que ceder é, na verdade, receber e que servir é, na verdade, ser feliz. Se estamos na condição de servir, devemos ser muito agradecidos e retribuir de alguma forma essa condição. Aprendi que repassar conhecimento é a forma mais fácil de aprender e que tratar o próximo como ser humano é gratuito e necessário. Aprendi que, com os propósitos alinhados, é possível alcançar a mais pura motivação e que todos que vivem neste planeta querem apenas ser felizes. Nascemos para ser felizes. Poucos sabem responder a uma simples pergunta que deveria ser o objetivo de todos: o que o faz feliz?

Ao longo dessa jornada, passei por algumas pessoas que viviam para ajudar o próximo e servir os peregrinos. Essa era a felicidade delas. E você, o que o faz feliz?

Esse foi um dia longo, em que caminhei bastante, mas meus ânimos estavam bem exaltados. Estava me sentindo um jovem cheio de energia.

CAPÍTULO 31

Vigésimo sétimo dia de caminhada

De Castañeda até Santiago de Compostela

> *Uma vez que cruza a ponte, passa a conhecer o outro lado. Ainda que volte, jamais voltará o mesmo.*

Eu sabia que estava a apenas alguns quilômetros do meu objetivo principal. Era o dia de chegar a Santiago. Acordei às 5 da manhã, me preparei e comecei a caminhar sozinho. Não havia ninguém no caminho, e os sentimentos que tomavam conta de mim eram de determinação e satisfação. A jornada começou com uma vontade que no mundo corporativo seria difícil de concretizar, pois, além do preparo psicológico, não me lembro de ter tirado 30 dias de férias ao longo de minha trajetória profissional. Era comum ver pessoas desistindo. Além disso, caminhar apenas consigo mesmo durante oito, nove ou até dez horas por dia, ouvindo seus próprios pensamentos, não é uma tarefa simples.

Os últimos 100 quilômetros, como já mencionei, não foram tão satisfatórios quanto os trajetos antes de Sarria. A vontade de chegar ao destino e a proximidade da conclusão do objetivo, contudo, me davam uma sensação de satisfação que não é fácil descrever. Lembro-me de alguns momentos de satisfação como esse que tive na vida: um deles foi quando recebi uma promoção para gerente executivo, sendo um dos mais jovens do mundo, de uma das maiores empresas farmacêuticas, e outro ocorreu quando me tornei diretor financeiro, mas nenhuma dessas duas situações se comparam à satisfação que senti neste momento. Era uma satisfação diferente. Ela vinha de dentro e era recompensadora. Nesse momento, agradeci muito pelo fato de minha carreira ter me dado a oportunidade financeira e intelectual de estar caminhando e aprendendo nesse cenário tão único no mundo.

Esse belo dia foi marcado por paisagens exuberantes, com lindos bosques e pastos com carneiros e suas vestimentas naturais de lã. Eu estava muito cansado, pois era o 27º dia de caminhada com uma mochila de mais de 10 quilos nas costas. Alguns quilômetros antes de Santiago de Compostela há um albergue da Junta da Galícia, em um monte chamado Monte do Gozo. Esse albergue fica a aproximadamente 5 a 8 quilômetros de Santiago e, devido ao cansaço, pensei em me hospedar no local. A minha vontade era de chegar a Santiago, mas meu corpo pedia uma trégua, afinal, nos dias anteriores havia caminhado mais de 40 quilômetros por dia. Quando estava me aproximando do monte, atravessei um ponto com alguns grafites pintados na parede, e um deles, pintado no dia 22 de abril, ou seja, quatro dias antes de eu passar por ali, dizia: "André, *buen camino*". Claro que essa frase não fora pintada por mim nem para mim, mas me deu forças para continuar a caminhada, pois eu sabia que dessa jornada sairiam muitas experiências.

Caminhei alguns quilômetros e logo cheguei ao Monte do Gozo. Passei pelo albergue e decidi seguir até Santiago. Não sei explicar o porquê, mas aquela mensagem me desejando *buen camino* me deu forças para continuar.

Quantas vezes o que precisamos é apenas de algumas palavras de conforto, desejando um bom caminho, ou então um bom dia de trabalho? Em alguns momentos precisamos apenas ser notados e receber um tapa nas costas. Um verdadeiro líder sabe que palavras e atenção são extremamente motivadoras.

Enfim, após 27 dias de caminhada, nenhum dia de procrastinação, muita determinação, agradecimento e admiração, cheguei ao meu destino principal. Estava na cidade de Santiago de Compostela, após caminhar 42 quilômetros nesse dia. O sentimento de emoção tomou conta de mim e fiquei alguns minutos extasiado, não porque havia chegado à Catedral de Santiago de Compostela, mas porque havia caminhado 27 dias para chegar até ali. O caminho foi extremamente importante, e o que me fez chegar a Santiago foi uma força muito maior do que estar focado no objetivo. O processo de alcançar esse objetivo me trouxe muitas alegrias, felicidades, aprendizados, amigos e experiência. Ele me trouxe um conhecimento profundo do meu verdadeiro eu e me proporcionou aprendizados que levarei para o resto de minha jornada como ser humano. **O caminho é o que importa.** Era um sonho realizado, mas esse sonho não era chegar à Catedral de Santiago, e sim caminhar até lá. **O processo de realizar o sonho é o que nos torna melhores, o que nos faz crescer e nos leva além. A vida é um processo e o sonho é apenas a consequência.** Com a minha busca, determinação e resiliência, chegar a Santiago seria inevitável. Não tinha dúvidas de que conseguiria, e assim aconteceu.

Caminhei durante todo esse tempo e estava, finalmente, em meu destino. O lucro e as entregas das empresas, nações ou equipes são apenas as consequências do processo. Ao longo de minha jornada, fui criando amigos, fazendo parcerias, planejando, errando o planejamento, mas o mais importante é que pude me autoliderar e me tratar como ser humano, entendendo minhas limitações e minha capacidade de superação, para também tratar todos como seres humanos. Tudo é possível, desde que exista um norte, um propósito e um objetivo bem definidos. O caminho se conhece caminhando.

Sensação de dever cumprido. Nessa jornada, foram muitas conversas e muitos aprendizados. Conversei com pessoas dos Estados Unidos, Canadá, Honduras, Argentina, África do Sul, Nova Zelândia, Filipinas, Taiwan, Japão, Coreia do Sul, Portugal, Irlanda, Inglaterra, Dinamarca, Alemanha, Itália, França, Espanha, Hungria, Romênia, Brasil, Rússia, Suíça e, por último, Malta. Eram pessoas de 26 nacionalidades, e todas estavam abertas para contar suas experiências de vida e o que buscavam no caminho de Santiago. As respostas eram sempre muito parecidas: "Busco o melhor". Alguns usavam palavras diferentes, mas que, no fundo, queriam dizer a mesma coisa.

Alcancei meu destino final e passei algumas horas deitado na praça principal de Santiago, apreciando a chegada dos peregrinos. Todos comemoram muito essa conquista, pois certamente chegam diferentes de quando começaram a caminhada ou a jornada de bicicleta. Todos muito animados e exaltados por terem conseguido alcançar o objetivo. A praça é um local de muita emoção e comemoração. A vontade é de abraçar todos que chegam até ali, pois conquistaram seus objetivos, cada um no seu tempo, mas com uma característica em comum: o caminho que percorreram.

Nesse momento passei a exaltar Santiago de Compostela, pois foi o motivo que me fez percorrer esse caminho de aventuras, experiências e aprendizados. Ele me inspirou e me guiou, me motivou e foi o meu líder. Ele era o meu norte e simplesmente facilitou meu trajeto para esse processo de crescimento.

"Santiago veio a este mundo para ser a alegria dos povos. Por isso, os que vieram tristes voltarão alegres."

Ao longo dessa jornada, apreciei o trabalho de muitos líderes, guiados pelo seu propósito, que foram incentivados pelo grande líder Santiago. Cada um com sua importância e seguindo o seu caminho, que para alguns pode ser insignificante ou não fazer diferença, mas para eles é simplesmente o seu mundo. O propósito de cada um não deve ser discutido, pois as pessoas são diferentes, mas um grande líder ajuda as pessoas a cumprir seus objetivos e encontrar o seu propósito de vida. **Um grande líder não cria seguidores, mas outros líderes,** e pude perceber que esses líderes que encontrei ao longo de minha jornada não eram apenas seguidores, mas líderes de suas próprias vidas.

Depois de algumas horas apreciando essa sensação de dever cumprido e satisfação, com verdadeiro apreço pelo caminho, decidi procurar um local para comer e um hotel para descansar, afinal, tinham sido 27 dias de caminhada. Após todos esses dias, eu merecia dormir uma noite inteira de sono em um quarto só para mim. Fiquei hospedado ao lado da Catedral de Santiago em um quarto bem pequeno, mas que, para quem só teve a cama e a estrada por 27 dias, era mais do que suficiente.

Fiquei dois dias em Santiago e fiz questão de agradecer todo o tempo pelo caminho que me guiou para aquele lugar especial. Agradeci a sensação de dever cumprido e, para fechar essa viagem até Santiago, só precisava encontrar pela última vez meu amigo de caminhada Javier e assistir a uma missa com *botafumeiro* (incensário). Para minha surpresa, estava caminhando pela cidade de Santiago quando vi novamente um cajado em frente a um bar. Entrei no lugar e lá estava meu grande amigo Javier. Tomamos um café e logo encontramos todos os peregrinos que nos acompanharam nessa jornada.

Eu não tinha mais dúvida de que a caminhada de Santiago de Compostela era um paralelo com a nossa vida. Nossa única certeza em vida é de que passaremos por uma transição que chamamos de morte. Não sabemos exatamente quando irá acontecer, mas, se tivermos a consciência de que esse fato é inevitável, faremos do processo do nascimento até esse momento de transição o melhor possível. Vivi muitas alegrias com os peregrinos que participaram do caminho, assim como os amigos que participaram da minha vida, e esse reencontro em Santiago acontece todos os dias, quando reencontramos nossos amigos. Agradeci a todos que estiveram comigo em algum momento dessa jornada.

Como era um fato imperdível, nesse mesmo dia assisti a uma missa com *botafumeiro*, graças a um grupo americano que patrocinou o evento. Eles comentaram que, enquanto estivessem na cidade, os peregrinos teriam o direito de ver o *botafumeiro* e, por isso, todos os dias em que eles estiveram em Santiago, foi possível ver o incensário nas missas. Aqui podemos tirar mais uma lição: cada um compartilha o que tem. Esse grupo não tinha feito o caminho de Santiago, mas não achavam certo os peregrinos terem caminhado tanto e não verem o *botafumeiro*. Fizeram questão de patrocinar o evento todos os dias em que ficaram hospedados na cidade.

CAPÍTULO 32

Do vigésimo oitavo ao trigésimo primeiro dia de caminhada

De Santiago de Compostela até Negreira, de Negreira até Oliveroa, de Oliveroa até Muxia e de Muxia até Finisterra

" O fim marcado pelo recomeço.

Aproveitei o êxito de chegar a Santiago de Compostela para curtir meus amigos de caminhada e passar dois dias descansando nessa cidade belíssima e encantadora, mas, como o fim de uma jornada marca o início de outra, acordei pronto para continuar minha caminhada.

Passamos a vida toda fechando ciclos que já não nos levam mais ao crescimento e abrindo novos ciclos, desde nosso nascimento. Primeiro vem o namoro de dois adultos para, posteriormente, vir o desejo de ter filhos, e então acontece a gestação. Ficamos nove meses sendo formados no interior do ventre de nossa mãe para, quando aquele ciclo estiver completo e não mais coubermos ali dentro, sairmos para o mundo externo. Saímos para um mundo desconhecido e longe de nossa zona de conforto. Choramos e sofremos um trauma nesse momento, mas esse trauma nos levará a caminhar com nossas próprias pernas, é quando cortam o nosso cordão umbilical. Passamos a caminhar sozinhos. Damos os primeiros passos e caímos muitas vezes. Todos começam igual e, a cada queda, vem uma nova vontade de ficar em pé e caminhar. Caímos novamente, mas a vontade de andar volta e, após várias quedas e socorros prestados pelos nossos pais, começamos a andar. Nesse momento não sabemos muito da vida. As tomadas da casa devem ser tampadas e o ambiente deve ser todo preparado para isso, mas ainda serão diversos tombos até a perfeição. Primeira etapa de sair do ventre cumprida.

A segunda etapa é a de aprender a caminhar, que será para o resto da vida, mas os primeiros passos já foram dados. Depois de aprender a caminhar, vem o aprendizado da fala. Observando os adultos, as crianças, como num passe de mágica, aprendem a se expressar e iniciam suas primeiras palavras, ainda entendidas apenas pelas mães. Nesse momento alguns desafios já são superados, mas esta seria uma outra atividade, a de comunicação, que aprendemos pelo resto de nossas vidas, pois estamos sempre pecando na forma de nos expressarmos, mas seguimos nossos passos como seres humanos. Logo iremos para a escola e teremos mais um momento de aprendizado, que é nos adaptarmos a outras pessoas que não são os pais nem os avós. A partir desse momento, a vida será feita de encontros e desencontros para sempre. Estudamos e logo concluímos a primeira etapa dos estudos, que marca o início de outra, o ensino fundamental. Saímos do maternal como *experts* para entrarmos como ignorantes no ensino fundamental. Estudamos por alguns anos para logo passarmos pela adolescência e deixarmos para trás nossa fase de criança. Saímos do fundamental e entramos no ensino médio como ignorantes novamente. Tudo o que sabíamos até ali nos parece muito pouco. Cursamos o ensino médio já pensando na faculdade, mais uma etapa que se inicia do zero. Em todas essas etapas da nossa vida encontramos pessoas e nos despedimos delas, é sempre um fim sendo marcado por um novo início. Saímos da faculdade cheios de esperanças e iniciamos nossa vida de *lavoro*, sem contar o lado pessoal, já que, em alguns casos, deixamos a vida de solteiro para nos unirmos a outra pessoa. Até mesmo um CEO que já chegou ao seu nível máximo busca crescimento e evolução, e deseja colocar um fim em sua posição como CEO para assumir uma posição regional ou até mesmo a posição de aposentado, prestando serviço como consultor ou membro de um conselho consultivo. Assim também acontece em nossa vida pessoal: saímos do papel de pais para virarmos avós e assim por diante. Tudo é um processo, e esse processo não tem fim. A felicidade é ser e não estar. Esse é um sentimento que deve ser eterno, e não momentâneo. Assim como ser humano. Devemos curtir essa jornada.

O caminho de Santiago nada mais é do que um paralelo com a vida. Eu já havia alcançado meu objetivo principal, mas minha caminhada continuava e eu tinha de deixar para trás o êxito e as comemorações dessa conquista para seguir para o próximo começo.

Terminar o caminho de Santiago e ainda ter mais quatro dias de caminhada era como finalizar um orçamento anual e ainda ter um *forecast* do mês para fazer, ou então bater as metas de vendas do mês e no dia seguinte começar do zero novamente, porque o mês virou. Como diria um diretor de vendas que foi meu par por um período, o vendedor dorme rico e acorda pobre, pois tudo que se vendeu até o dia 30 não vale mais no dia 1º.

No dia seguinte acordei cedo e tomei café com meus amigos de caminhada. Depois de me despedir de todos, segui o caminho rumo a Finisterra. Despedidas não existem, mas existe, sim, um até breve. O destino do dia era pousar em Negreira, mas em quatro dias eu chegaria a Finisterra, depois de passar por Muxia. Quem sentia falta da paz que o caminho de Santiago proporcionava no começo podia encontrá-la novamente. Assim que saí de Santiago, já via a cidade e a catedral sendo deixadas para trás, mas certo de que encontraria paisagens e novos aprendizados no caminho que estava por vir. Assim como na vida, os passos que demos até aquele ponto dão espaço a novos passos e novas jornadas.

Nesse dia coloquei em prática as regras de ser humano e me lembrei do renascimento de Cristo e das chances que temos de renovar, aprender coisas novas e nos reinventarmos. Estamos 100% do tempo nos adaptando.

À medida que eu caminhava, Santiago ficava cada vez menor e o êxito de ter vivido aquele objetivo ia passando, dando espaço à determinação de cumprir um novo objetivo e aprender coisas novas, viver novas experiências, presenciar novos cenários e crescer. A nossa morte começa quando paramos de aprender e de evoluir.

As paisagens desses quatro dias de caminhada eram incríveis e exuberantes. Represas, bosques, pontes antigas, nascentes de água, plantações, povos antigos e penhascos beirando o mar, afinal, eu estava próximo de Finisterra, ou fim da terra (fim do mundo). Até 1500, pensava-se que nesse local estava o fim do mundo, ou o fim da terra. Acabava o mundo e começava o mar, mas sempre há alguma coisa além. Tinha um continente além desse ponto. O que há além dos pensamentos? Todos estavam errados de pensar que ali era o fim do mundo. Pode-se gerar a dúvida de que não existe o fim do mundo, ou mesmo o fim da vida. Nosso corpo padece, mas estamos sempre aprendendo.

Caminhei por 100 quilômetros aproximadamente entre as cidades de Negreira, Oliveroa, Muxia e Finisterra, ou Fisterra. A sensação de chegar ao ponto zero do caminho é bem diferente da sensação de chegar a Santiago. Para quem havia percorrido quase 900 quilômetros em 27 dias, o que eram 100 quilômetros em quatro dias? Conforme vamos ganhando experiência, os desafios da vida vão se tornando mais fáceis. A prática leva à experiência, e caminhar esses últimos quatro dias foi uma tarefa mais fácil de ser vencida.

Cheguei ao marco zero do caminho de Santiago. Eu tinha caminhado mais de 1.000 quilômetros de Saint-Jean até Fisterra com muitos aprendizados que quase não cabem em mim, entre eles, o de que nada é impossível. Quando se vai até o fim do mundo, descobre-se que há "mais mundo" depois. Não poderia ser assim com nossa vida, ou com nosso planeta? Demoramos alguns séculos para saber que havia vida (e mundo) depois do fim do mundo. Quanto será que ainda vamos demorar para saber que há vida após a morte e/ou vida fora da Terra? Bom, a caminhada chegou ao fim, mas só marca o início de novas jornadas.

A sensação de chegar aonde se pensava ser o fim e saber que a humanidade estava errada por um longo período de tempo nos deixa uma grande dúvida. Naquela época era o oceano que nos limitava, e atualmente, o que nos limita? Pensando que quem afirmava que era o fim do mundo estava completamente errado, será que esse local seria o fim ou o começo do mundo? Seria o nascimento o começo da vida ou o início da morte? Seria a morte o início da vida eterna? Quem sabe? Só tive a certeza de que não estamos certos de nada, apenas devemos percorrer nosso caminho em busca de crescimento e evolução.

Para chegar até esse ponto, venci todas as vontades de procrastinação, preguiça, pensamento negativo e todos os sentimentos que me fariam ficar mais longe do meu objetivo final, e ganhava força quando pensava em minha determinação, persistência, resiliência e força de vontade. Sonhei e realizei o meu sonho, com algumas dificuldades, mas muitos aprendizados. Foi uma das mais belas aventuras da minha vida até este momento e acredito que saio dessa jornada renovado, com outra visão sobre a vida e o mundo.

Fiz meu ritual de agradecimento, certo de que, a cada passo que damos em qualquer direção, jamais voltamos ao ponto exato do passo anterior.

Somos todos iguais, com as mesmas necessidades, a mesma vontade de sermos felizes, com sonhos, inseguranças, seguranças, razões e sentimentos. No final, somos todos SERES HUMANOS. E a sensação de dever cumprido é imensa.

Se todos os líderes no mundo percorressem o caminho de Santiago de Compostela, certamente teríamos a paz mundial.

CAPÍTULO 33
Final: conclusão e aprendizados

De Santiago de Compostela para o resto da vida

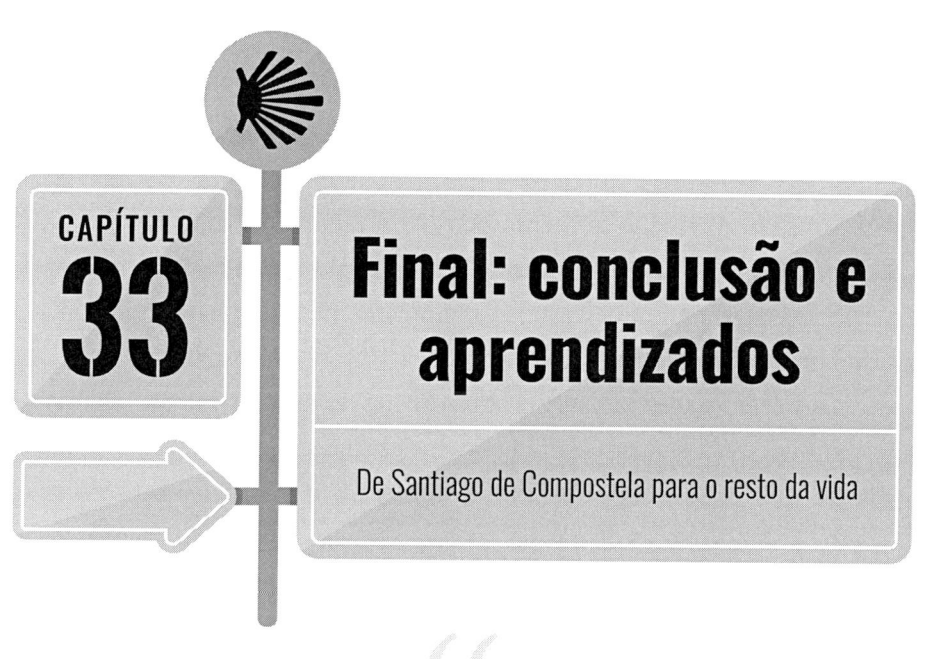

" Basta ser humano.

A conclusão deste livro marca o início de uma outra jornada, que é repassar os conhecimentos e aprendizados que tive a oportunidade de obter na caminhada de Santiago de Compostela ao máximo de pessoas possível.

Meu maior aprendizado durante essa jornada é que tudo começa dentro de nós mesmos. Sofremos muitas influências externas, mas os nossos sonhos, os nossos objetivos e os nossos pensamentos nascem sempre dentro de nós mesmos. Onde tem um sonho a ser realizado, sempre há um caminho.

A liderança se inicia na autoliderança de nos automotivar e buscar o crescimento e a evolução o tempo todo, nos colocando como principais responsáveis pela busca de nossos objetivos. A responsabilidade pelos nossos resultados e sonhos nos põe na posição de protagonistas de nossas vidas. Com esse pensamento, reduziremos a procrastinação e também nos colocaremos na condição de responsáveis por tudo, sem gastarmos nossa energia em busca de culpados. Somos responsáveis pelos nossos resultados e por entregar aquilo que a vida espera de nós. Como diria Epicteto, a extinção da culpa marca o início do progresso moral. Dessa forma, ninguém é culpado, apenas eu fui o grande responsável pela caminhada ou por tudo na vida. No caminho de Santiago eu não questionava, simplesmente caminhava, pois sabia que precisava executar sem questionar.

Durante a caminhada, não havia forma de procrastinar. A responsabilidade pela caminhada era somente minha, **e ninguém, absolutamente ninguém, poderia fazê-la por mim.** Assim é a nossa vida. Não havia condições de não caminhar. Tínhamos que caminhar todos os dias para atingir nosso objetivo. Um passo de cada vez, mas com muita perseverança, sempre na mesma direção.

Um grande aprendizado nessa caminhada foi sobre o que devemos assimilar e levar em nossa mochila da vida. Nosso próprio organismo não vive do que comemos, mas das vitaminas e proteínas que assimilamos. Assim também deve ser em nossa vida. **Não devemos carregar todo o peso que nos é apresentado.** O que assimilamos é o que nos engorda. Como devemos eliminar o que não nos serve?

Em nossas vidas, devemos ser os primeiros a ser liderados, com nossas crenças, nosso íntimo e nossos sentimentos. Quando entendemos que a autoliderança nos leva à construção de uma liderança forte naturalmente, a qual nos foi dada e concedida na condição de seres humanos, passamos a acreditar em nós mesmos e a criar empatia, pois ultrapassamos a barreira do ego e do eu egoísta. Saímos da nossa vontade e lideramos nossos sentimentos com o que há de mais benéfico para o momento, sempre nos colocando na condição de seres humanos.

Como dizia o grande filósofo Lao Tsé: "Dominar o outro é força, dominar-se é o verdadeiro poder".

Liderança é tudo o que motiva o crescimento. Ela começa internamente e, mais tarde, passa para terceiros. Autocrescimento, crescimento de um terceiro, de uma empresa, de uma nação ou até mesmo a materialização de um belo café da manhã. Tudo se lidera, e por isso tudo é liderado.

Mas o aprendizado mais importante de todos foi evoluir e crescer com tudo o que vivemos. Que os momentos da vida nos tornem seres humanos melhores. **Que o caminho nos proporcione sempre momentos que nos levem à evolução e ao crescimento e que o nosso melhor seja entregue em todas as situações**.

No final, o mais importante não é atingir as metas ou os objetivos, mas o que nos tornamos ao longo da caminhada. Posso dizer que durante essa caminhada tive muitos aprendizados, resumidos a seguir:

- Seja humano antes de tudo, todos e em qualquer situação.
- Estamos nesta vida apenas de passagem. Se assim é para a nossa vida, é ainda mais evidente nos cargos que ocupamos. São apenas posições.
- Lidere a si mesmo antes de liderar alguém ou algo. Antes de liderar alguém, pense se seria um bom líder para si mesmo.
- Bons líderes não criam seguidores, e sim novos líderes.
- Comece pelo começo e dê um passo de cada vez. Desmembre uma grande meta ou um grande sonho em etapas e cumpra todas elas, sempre com foco no grande sonho e sem procrastinação. Somos capazes de chegar a qualquer objetivo.
- O caminho é o que mais importa. O resultado é consequência de um processo ou de um caminho percorrido. O futuro é resultado do que se faz no presente.
- Somos um processo vivo e em evolução.
- Tome decisões e não espere o momento perfeito para isso. Não se prenda ao cenário renunciado.
- Viva o presente tendo o futuro como norte e o passado como aprendizado e oportunidade de crescimento.
- A busca pelo crescimento intelectual e espiritual deve ser como a de hábitos diários, como escovar os dentes.

- A vida é uma troca de experiências.
- Não importa a velocidade, e sim a direção.
- Tudo o que não se muda se adapta.
- Preste atenção à hora de parar. Ultrapassar esse ponto pode ser prejudicial.
- Tudo é importante e, por mais que um detalhe pareça insignificante, ele pode tirá-lo do jogo.
- Busque o seu próprio propósito. Somos seres únicos e cada um tem suas próprias vontades, seus valores e, principalmente, seu propósito.
- A verdadeira nobreza é ser superior ao seu antigo eu.
- A energia que gastamos pensando na dificuldade é a mesma que gastaríamos pensando na solução para o desafio, e quando superamos o desafio, a satisfação é bem maior.
- Tenha bondade. Uma liderança sem bondade não é uma liderança, mas uma hierarquia.
- Tenha valor e não preço.
- Ouça a voz da intuição.
- Muitas vezes o que precisamos está dentro de nós mesmos.
- Se não há o que liga os seres humanos (independentemente da posição que ocupem) a um bem comum, não há uma religião para um objetivo único.
- Saiba dizer não.
- Crie uma rotina, e essa rotina se tornará hábito. Inclua nessa rotina atividades que o deixem mais perto do objetivo final.
- Somos responsáveis por tudo que vivemos.
- Sirva acima de tudo. Servir nos proporciona mais êxito do que ser servido.
- Reinvente-se o tempo todo. Inove e seja autêntico.
- Entregue o melhor que puder de você mesmo. Dessa forma, só haverá o melhor a colher e todos que estão ao seu redor serão

contagiados por essa atitude. Entregue o seu melhor e o êxito será apenas consequência.

- A compaixão e a empatia devem estar presentes em qualquer relação interpessoal.
- Valores e propósitos devem ser comuns a todos, como ser feliz ou buscar a evolução.
- Pratique o bem. Tudo volta para quem pratica a bondade. Se plantar o bem, só poderá colher o bem.
- Seja grato. Quanto mais agradecido for, mais terá coisas pelas quais agradecer.
- A felicidade é um estado de ser, e não de estar. Seja feliz sempre.
- Tudo é aprendizado e nada é erro. Há sempre uma situação para se aprender, e os melhores aprendizados vêm com os erros de praticar.
- A fome é o melhor tempero. A necessidade, a melhor motivação.
- Na simplicidade mora o melhor da vida.
- Não há idade para se alcançar um objetivo e nunca é tarde para começar.
- Viver de ego, imagem ou qualquer outro valor externo não nos deixa mais próximos de nosso objetivo primário.
- Quanto mais conhecimento temos, maior a certeza de que somos ignorantes.
- Carregue em sua vida apenas o necessário, assim chegará ao objetivo de forma mais fácil. Deixe o supérfluo para trás e desapegue daquilo que não será útil.
- No final, lembre-se, somos todos iguais e todos em condições HUMANAS.
- **Liderar é motivar o crescimento.**

Esta obra foi composta em Janson Text LT Std 11 pt e
impressa sobre papel Offset 75 g/m² pela gráfica PSI7.